LIFELINE

LIFELINE

A STORY OF HOPE

Bilingual
ENGLISH-SOMALI

By
SAMIA ALI

LOOH PRESS
1446/2025

LOOH PRESS LTD.
Copyright © Samia Ali 2025
First Edition, First Print April 2025

PUBLISHED BY:
Looh Press Ltd.
Leicester, England. UK
Muqdisho, Soomaaliya
W: www.LoohPress.com
E: LoohPress@gmail.com
T: +44 79466 86693
T: +252 61 0743445 / +252 61 8707573

For permission and requests, write to the publisher or the author, at the address below.
geelmaasho@gmail.com

Typesetting by   : Kusmin (Looh Press)
Cover by   : Looh Press

A catalogue record for this book is available from the British Library.
British Library Cataloguing-in-Publication Data

ISBN:
978-1-912411-51-1   : Paperback Cover

CONTENTS

DEDICATION

To my beloved son, Ismail Duale,
this book is for you.

You are the reason I embarked on this journey, and the inspiration behind every word written here. From the moment you entered my life, you've been my teacher, guiding me through the intricate, beautiful world of autism. It is through you that I have learned to see the world from a different perspective—one filled with patience, understanding, and unconditional love

Autism did not define you, nor did it limit you—it became a part of our story, one that has made us both stronger. You have shown me that autism is not something to be feared but embraced. It is not an illness but a unique

way of interacting with the world, and it has been my honour to walk this path alongside you. Every challenge we faced together was a lesson in resilience, and every small victory was a reminder of your incredible strength and determination.

I think back to those early days when the world felt uncertain and overwhelming, yet you gave me the courage to keep moving forward. When doctors and specialists spoke, it was your quiet, determined presence that reassured me everything would be okay. You taught me that progress isn't measured by speed, but by heart. Your perseverance in learning to speak, your hard work in therapy, and your gentle spirit reminded me every day that hope is always within reach.

We have come so far, Ismail. The sacrifices, the long nights of worry, the relentless pursuit of the right therapies—all of it was for you, because you deserve the very best this world has to offer. You may not have realised it then, but every small step we took together changed me as much as it changed you. You made me stronger, braver, and more determined to fight for you and for others like you.

As I dedicate this book to you, I want you to know how proud I am. Not just of how far you've come, but of who you are—a kind, intelligent, and extraordinary young man. Your journey has given me a new purpose in life, and you've shown me that with love and support, anything is possible.

Thank you, Ismail, for being my guiding light, for teaching me to trust my instincts, and for reminding me that, even in the toughest moments, there is always hope. You are not just my son; you are my greatest lesson, my deepest love, and my eternal inspiration.

This book is a tribute to you, my beautiful boy—the one who made me the mother, the advocate, and the woman I am today.

With all my heart, this is for you.

Love always,
Mum

ACKNOWLEDGMENTS

I extend my deepest gratitude to Almighty Allah for His boundless mercy and guidance, which have been my source of strength and inspiration throughout this endeavor. Without His blessings, this journey would not have been possible.

To my husband, my rock and my root, thank you for your unwavering support, patience, and love. You have been my anchor through every challenge and my greatest cheerleader in every triumph. This book is as much yours as it is mine.

To my children, my greatest treasures, thank you for teaching me the true meaning of resilience, hope, and unconditional love. Your unique perspectives and boundless spirits have inspired every word in these pages. This book is a testament to your strength and a celebration of the beautiful individuals you are.

To my friends, who have stood by me through thick and thin, thank you for your encouragement, understanding, and kindness. Your belief in me has been a constant source of motivation, and I am forever grateful for your presence in my life.

This book, Life Line – A Story of Hope, is a labour of love, born from the challenges and triumphs of navigating life with autism. It is a story of hope, not just for those directly affected by autism, but for anyone who has ever faced adversity and sought light in the darkness. My hope is that it serves as a reminder that even in the most difficult moments, there is always a lifeline to hold onto – whether it be faith, family, or the kindness of others.

Thank you to everyone who has been part of this journey. Your love, support, and belief in this project have made it possible. May this book bring comfort, understanding, and hope to those who need it most.

With heartfelt gratitude and compassion,
Samia Ali

FOREWARD

*L*ifeline: A Mother's Story of Hope is a poignant and powerful reminder of the importance of inclusive care, particularly for individuals with autism. This book illuminates the often-overlooked challenges faced by those with autism, encouraging us to reflect on how we can all make a meaningful difference.

In the UK, the life expectancy gap between individuals with autism and the general population remains alarmingly wide. As you read this book, I urge you to consider the small but impactful actions we can each take. Whether it's supporting someone to attend a GP appointment, promoting regular health checks, or simply offering patience and understanding in your daily interactions, these efforts can significantly improve the quality of life for those with autism.

As you explore A Mother's Story of Hope, I invite you to think about how you can contribute to creating a healthcare system that is more inclusive, compassionate, and responsive to the needs of everyone. Together, we can help ensure that every individual, regardless of their challenges, has the opportunity to live a healthier, fuller life.

David Williams
Group Director of Strategy & Partnerships
Leicestershire Partnership NHS Trust &
Northamptonshire Healthcare NHS Foundation Trust

FOREWARD

There are lots of books written by professional experts on autism, some books written by able people with autism themselves but there are very limited account by the real experts (parents) on their experience of bringing up a child with autism. The book "The lifeline- a mother's story of hope" stands out in this respect. I have known Samia, the author mother of a young man, Ismail, with autism for some time. I was privileged to be part of a team that helped them for a short period of time. Each individual with autism is unique. The primary carers of an individual with autism (often parents) are the real experts in supporting the individual best, All that professionals can do is to use their professional skills in enabling the parents to support the person with autism in the best way possible.

This book describes Samia's story starting from the position of "an unknown condition" that has affected her son, leaving her anxious and worried to a position where she feels enabled to reflect on her experience in each stage of her son's and family's development through this book. An inspiring story indeed. I realise as professionals we do very little at times to support and enable the parents in their difficult times. The way autism unfolds its presence through various life stages are specific to the individual and his or her circumstances. Parents have a unique role in making sense of these changes for themselves, the child they care for and the outside world. Practical tips with examples of how the author has approached these situations are shared in this book.

Bringing up children with autism has its unique challenges but parents become the real expert from the experience and wisdom they acquire in this process. This book aims to share some of the wisdom and experience that Samia have acquired. It is written in a simple language with clear practical tips for other parents in similar positions. I am sure readers will benefit from reflecting on Samia's experience and the practical tips. I feel privileged to be requested to provide this introduction to this book.

Dr. Satheesh Kumar Gangadharan
Consultant Psychiatrist, Agnes unit,
Leicestershire Partnership NHS Trust
Professor (Honorary), University of Leicester.
Visiting Professor of Neurodevelopmental Psychiatry,
Loughborough University.

FOREWARD

As a mother of a teenage son who once struggled deeply, I understand the feelings of uncertainty, frustration, and heartache that come with raising a child who faces unique challenges. For many of us, there is no handbook that prepares us for the road ahead. We stumble through it, searching for answers, hoping for breakthroughs, and yearning for a glimmer of hope to guide us.

Lifeline: A Mother's Story of Hope is exactly that—a lifeline. This book reaches out to those of us who have ever felt alone or lost in the journey of raising a child with special needs. It speaks to our deepest fears and longings, but most importantly, it offers hope and practical guidance for finding a way forward.

Before reading this book, I often found myself overwhelmed by the complexity of my son's needs, the lack of understanding from the world around us, and the immense pressure to "figure it all out." But Lifeline reminded me that I wasn't alone. The stories and insights shared by a mother who has walked this path reminded me of the strength, resilience, and love we, as parents, hold within us.

This book is a testament to the power of hope, to the strength that comes from advocacy, and to the importance of an inclusive society where every child—regardless of their challenges—has the opportunity to thrive. It's not just about surviving the hard days but about embracing the joy, triumphs, and small victories along the way.

As you read Lifeline, I hope you, too, will feel the warmth and encouragement it offers. I hope you see your own story reflected in its pages and feel empowered to advocate for your child, to keep pushing for the support they deserve, and to never lose sight of the possibilities ahead. This book is a gift, not only to mothers like us but to everyone who believes that every child is worth fighting for.

With compassion, courage, and unshakable hope, we can give our children the future they deserve.

Amina Hadafow
Mother of Teenage Autistic Son

INTRODUCTION

– *Breathe* –

*W*hen your child has been diagnosed with autism, you feel scared and worried. The diagnosis might consume all of your thoughts and take up all of your energy. You might feel overwhelmed by the information your doctor has given to you. You might even begin to wonder if you did something wrong and start to blame yourself. As a parent, you can't help but wonder what the future holds.

I'm here to tell you that the future may be difficult and no doubt there will be challenges for you to overcome, but ultimately, everything is going to be okay. You can prepare your child for a happy and independent life, and this book is going to show you how.

> **❝**
>
> *Once your child has been diagnosed with autism, I want you to take a moment to breathe and remember that nothing has changed. Your beautiful child today is still the same beautiful child they were yesterday, and the same beautiful child that they will be tomorrow. The only difference is the knowledge that you have.*
>
> **❞**

I also want you to know that you didn't do anything wrong. Read that sentence again. This is not your fault. Autism isn't the result of the vitamins that you did or did not take during your pregnancy. Autism isn't the result of the vaccinations your child received. Autism is nobody's fault.

Finally, I want you to understand that you don't have to do this on your own. There are so many sources of information and support out there to help you and your family come to terms with – and live with – autism and I will share these with you.

And why should you trust me to tell you all this? Well, I've been where you are. I've walked in your shoes. I've been so worried that I've barely been able to breathe. But, after being diagnosed with severe autism at eight years old, my son is now 22 years old and thriving. Getting to this point wasn't always easy, but we did it, and I know that you can too.

My family and I have learned a lot over the years on our autism journey. What's more, having worked in the health and community sector in the UK, I understand the system. Now, my passion is sharing my story and the knowledge that I've gleaned to help other families affected by autism. My husband and I started Daryeel Autism, an autism support group, to educate, empower and embrace families dealing with autism, and that's the aim of this book too. It's full of the things that I wish someone had told me when my son was first diagnosed. I hope that you find it useful.

Before you turn the page and dive into my story, make yourself a cup of tea, find a comfortable seat, and take a moment to breathe. It may not feel like it right now, but it's going to be okay. You've got this.

CHAPTER

1

THE DIAGNOSIS

THE DIAGNOSIS

— *Feel the feelings* —

I have always loved children and I've always looked forward to starting a family of my own. I grew up in Somalia and, as the eldest daughter in the family, a lot of responsibility was put on my shoulders at a very young age, including an expectation to care for my younger siblings. Luckily, this was something that I enjoyed doing and I've always had a close relationship with my family.

When I was 16 years old, a civil war erupted in Somalia and anyone who was able to leave, left. With the help of relatives, I moved to Italy. It was there that I met my future husband and we married. Shortly afterwards, we moved to the UK for his work.

Long before my marriage, I had already chosen a name for my future son. I remember telling my friends that if I ever had a boy, I was going to call him Ismail Hashim Ismail after his paternal grandfather. I loved how the name sounded and I often said it out loud. I was delighted when I discovered that, soon after our wedding, I was pregnant with a boy.

The day Ismail arrived into our lives, it felt like all my dreams had come true. He was such a cute baby and the light of my life. As a new mum, I did everything by the book. Life was tiring, but it was happy.

As Ismail turned 18 months, he began to say 'Mum' and 'Dad', and my husband and I were over the moon. But then, suddenly, he simply stopped talking. As a mother, I worried, but everyone told me that he would speak again when he was ready to speak. So I waited. Ismail still did not speak. I went on to have five more children – four girls and a boy – and as they all began to speak, Ismail remained completely non-verbal. People told me that it was a phase. At school he saw a speech and language therapist and an educational psychologist. Ismail still did not speak.

As well as not speaking, Ismail also had a habit of spending long periods of time staring out of the window. My husband and I knew that he was different from his siblings, and we were anxious to find out why. We saw doctors constantly, and they often told us that he would grow out of it. There were tests and referrals. More tests. More referrals. I didn't know what was going on and the worry I felt for my child was engulfing me. The unknown was terrifying. Then, one day, when I thought we were just going to another routine appointment for another test, the doctor told me those fateful words:

> 66 ——
> *"We've come to the conclusion that your son has autism. It is a life-long disability."*
>
> *I wasn't prepared for it and I couldn't breathe.*
> —— 99

All I heard were the words 'life-long disability'. At that point it felt like my mind had left my body and I completely zoned out. I could see the doctor's mouth moving, but I couldn't hear what she was saying.

At the time, I knew next to nothing about autism – in fact, in my home country of Somalia, the condition is largely unknown and there isn't even a word for it. And when it comes to disabilities in general, the subject is often taboo.

As far as I was aware, the word 'disability' was used to describe a person who couldn't move, couldn't dress themselves, or couldn't go to the toilet by themselves. Yet, here was my son, happily playing in front of me in the doctor's office, and he was able to do all of those things. Yes, he had some problems with communication and learning, but he certainly didn't seem disabled to me. It just didn't make sense.

When I finally composed myself, I turned to the doctor and asked,

"What can I do?"

"Nothing," she replied.

I felt so helpless as I left that appointment. I wasn't given any information and I wasn't told about any sources of support – no websites, no leaflets, no support groups.

As I walked home with Ismail, the words 'life-long disability' continued to ring in my head. All of a sudden, all the hopes and dreams that I'd had for my son's future seemed to disappear. I couldn't imagine what the future would hold for him. Would he ever be independent? Would he ever achieve the things he dreamed of? How would people treat him?

I had lived through a civil war but, until that moment, I'd never felt so scared in my whole life.

DIAGNOSIS TIPS:

- Medical appointments can be overwhelming, so take someone with you to be a second pair of ears.

- Record your appointment with a recording app on your phone – it will allow you to listen back to all the details later on.

- Do not blame yourself. Autism is not the result of the vitamins you did or did not take during pregnancy or the vaccinations your child received. This is not your fault.

- Take the time and space to process your feelings. Remember that everything you are experiencing is completely natural.

- Spend time together as a family. Hug your child lots, and remember that they haven't changed – nor has the love that you feel for each other.

CHAPTER

2

PREPARE

YOURSELF

SAMIA ALI

PREPARE YOURSELF

— Armour up —

For weeks after Ismail's appointment I was overwhelmed by my feelings. To begin with, I refused to accept the diagnosis – I thought the doctor had got it all wrong. Desperate for a second opinion, I took Ismail to see a private child psychologist who confirmed that he was indeed severely autistic.

He explained to me that autism is not an illness. It is a condition which affects how people communicate and interact with the world. He told me that Ismail would be able to learn things at school, but that it would just take a little longer for him. He recommended a speech and language therapist and a specialist school and, most importantly, he told me that with the support of our family, Ismail was going to be okay. Hearing the psychologist say that gave me my first glimmer of hope, and I allowed myself to breathe.

From then on, I started taking Ismail to see a private speech and language therapist every Saturday. She gave him special exercises for his facial muscles and homework for us to do between appointments. Every day without fail, Ismail and I would sit down at our kitchen table before dinner to practise his exercises. I credit our daily commitment with the fact that Ismail is able to speak now.

It may seem that I was in a fortunate position to be able to afford to take my child to see a private psychologist and speech and language therapist, but I assure you that as a single-income family, it really wasn't easy. We had to make sacrifices to be able to afford it, but Ismail's development had quickly become our priority.

What I didn't know at that time was that if you don't feel the diagnosis your child receives is correct, you have the right to request a second opinion from the NHS. You also have the right to receive early intervention. These are different therapies that can support your child including speech and language therapy, occupational therapy, and other medically-approved therapies such as applied behaviour analysis therapy (ABA).

Speech and language therapy can give your child the tools to communicate better – this may be through verbal communication, sign language, or technology. Once a child is better able to communicate their needs with those around them, it will mean that they are likely to experience less frustration.

Occupational therapists can assess your child for any sensory issues that they may be experiencing and address them. This may help to reduce any feelings of overwhelm and help your child to self-regulate.

The NHS waiting lists for early intervention tend to be very long, so it's worth checking with your child's school to see if a speech and language therapist is working with them there. If they are, ask if you can go along to the sessions too so that you can see the exercises for yourself and practise with your child between appointments. You can also find numerous speech and language therapy and occupational therapy videos on YouTube, and a number of courses for parents are available online too. By becoming an expert yourself and working with your child every day, you can improve their outcomes dramatically. It certainly worked for us.

As the weeks and months passed, it became easier and easier for me to come to terms with Ismail's autism. I realised that it was just a part of who he was. He was the same wonderful boy who had arrived in our lives and lit up our world, and once I accepted that, it felt like a weight had lifted off my shoulders.

What's more, Ismail's diagnosis had lit a fire inside me and given my life a whole new focus. I was committed to doing everything I could to make sure Ismail would succeed in life rather than suffer a 'life-long disability'.

I have the utmost respect for the medical profession but, as the mother of a child with autism, I've learned that nobody knows my child the way that I do, so it's important for me to trust my gut. If a doctor says something to me that I don't feel is quite right, tells me something that I don't agree with, or makes me feel like my concerns are being dismissed, I will always ask for a second opinion or look elsewhere. As an advocate for my child, I do not need to blindly accept what I am told – and neither do you.

I've also learned that if you have concerns about your child, then the more information you can take with you to a medical appointment the better. You may want to write a diary so you can be clear about what happened and when. You might prepare a list of questions for your doctor to make sure you don't forget or get side-tracked. You could take video footage of worrying behaviours to provide evidence of your concerns. However you prepare yourself for your appointments, remember that you are the expert on your child, so be persistent.

When Ismail was first diagnosed, I didn't know anybody else who had a child with autism, so I had nobody who could share their experiences with me or offer advice. Even though I was surrounded by my family every day, I often found life quite isolating. Sometimes I felt like I was the only person in the world who was travelling this difficult and confusing path, and I found it exhausting.

Later, I discovered that there were so many other parents out there who were in exactly the same situation as me. The more of them who I connected with and shared stories with, the more supported I felt. Like me, these were parents who were living with autism 24/7, so they had all developed their own methods and tools to help their children, and they were always happy to share their knowledge with others. The conversations that I have had with these people over the years have been invaluable, so one of my biggest pieces of advice is to find your tribe.

There are so many support groups out there for the parents of children with autism – you can find local support groups by searching online. If you can't find a group in your local area, why not consider starting your own?

There are also lots of online support groups that you can connect with 24/7, wherever you are. These include my own group, Daryeel Autism, which you can find on Facebook, Instagram, Snapchat, and TikTok. In Somali, Daryeel translates as *'To care with compassion'*, because, as parents, that's what we're all trying to do. I started it to make sure no parent of a child with autism feels as isolated as I did at the start of my journey. We're a very friendly bunch and we'd love for you to join us.

I'd advise you try out as many support groups as you can so that you can find out which ones work best for you. Remember, your tribe is out there waiting for you, and once you've found them, you'll never need to feel lonely again.

PREPARE YOURSELF TIPS:

- Be ready for your life and your priorities to change as you become an advocate for your child. It may sound overwhelming, but you can do it! Nobody is a bigger expert on your child than you.

- If you don't agree with your child's diagnosis, request a second opinion.

- Insist on early intervention for your child. Look into speech and language therapy, occupational therapy and applied behavioural analysis therapy (ABA).

- Become an expert on speech and language therapy yourself. Be present for your child's appointments, or learn through online videos and courses.

- Listen to your gut. If you have concerns about your child, be persistent with medical professionals and don't allow them to dismiss your worries.

- Prepare yourself for medical appointments with lists of questions, diaries or videos.

- Do not be sidetracked by misinformation. For example, autism cannot be 'cured' by a special diet.

- Be aware of fake therapies and con-artists – make sure you only deal with trustworthy, medically-approved professionals.

- Find your tribe through support groups – speak to families who are on the same journey as you.

CHAPTER

3

GET INFORMED

GET INFORMED

— Knowledge is power —

$\mathcal{S}$o, you've got your child's diagnosis, you've begun to come to terms with it, and you've taken steps to find your tribe so that you can get the support you need. You've laid strong foundations for supporting your child, so now it's time for the real work to begin: building your knowledge about autism.

It's crucial that you get as informed as possible about your child's condition so that you can better understand them and begin to see the world through their eyes. This will allow you to meet your child where they are and remove so much of the frustration and miscommunication from family life.

One thing that I've learned over the years is that getting informed is an ongoing process. As time goes by and your child's life changes, so too do their needs, so it's important to keep reaching out for more information.

There are so many sources of reliable information for parents of children with autism. In the UK these trusted websites are great places to start (please find the authentic sources of the country your live):

- The NHS
  nhs.uk/conditions/autism/

- The National Autistic Society
  autism.org.uk

- Ambitious about Autism
  ambitiousaboutautism.org.uk

When Ismail was diagnosed with autism in 2008, there wasn't as much information available online about the condition as there is today. The main way I got informed was by attending a course at Ismail's school hosted by the National Autistic Society.

The organisation runs three different support programmes for the parents and carers of autistic children – EarlyBird for children under five, EarlyBird Plus for children between six and nine, and Teen Life for young children aged between 10 and 16. Each course offers advice and guidance on strategies and approaches for supporting autistic children, and you can find out how to join a programme at the National Autistic Society's website.

I attended the many accredited courses and find them invaluable. I remember how every course opened my eyes to a new aspect of autism and helped me to understand why children with autism can behave in certain ways in certain situations. For example, I learned that the reason Ismail disliked going into the supermarket was because he didn't like the way the automatic doors opened and closed – not because he didn't like being at the supermarket. I also discovered that the reason Ismail cried so much about wearing any new clothes that I had bought for him was because he disliked change rather than disliking the clothes themselves.

The courses helped me to understand that Ismail took longer to process certain things – but it also showed me that it was possible to employ strategies that would support him in processing them. One of the key strategies was to simply give Ismail more choice in his life. So, when it came to helping Ismail become more comfortable in wearing new clothes, what I began to do was to take him to the shops with me and give him the opportunity to choose between two different outfits. By bringing Ismail into the shopping process, he felt more invested in the new clothes, and therefore he was more likely to be happy wearing them.

Another thing I learned was the importance of giving Ismail time and space to come round to new ideas or new situations. For example, when we came home from a clothes shopping trip, I would never force him to wear the new clothes the next day. It was always better to leave the new clothes hanging in his room for several days so that Ismail could see them and get used to the idea of them. After that, I would talk about the clothes with him, and together we would agree upon a day when he would try wearing them. By giving him the chance to acclimate to a new idea, and giving him a date to work to, it meant that new things never came as unexpected surprises to him.

These courses were a game changer in helping me to understand my child. I often wonder what life may have looked like if I hadn't attended that course and gained that knowledge to implement the strategies that have changed Ismail's life. I may have become frustrated about issues like him refusing to wear new clothes or – even worse – I may have pushed too hard to get him to wear them, doing more harm than good. After all, sometimes as parents we force our children to conform because we are worried about people judging them – or even us. The more we can understand our children's needs, the more we realise what really matters – and that's why I believe it's so important for us to get informed about our children in any way we can.

The information I received from that courses stood our family in good stead for years to come. For some time, I felt like we were on top of things and in control. Ismail was doing well and life felt settled, but I soon learned that everything can change quickly and dramatically when you have a child with autism. When it does, everything you think you know can fly out of the window, so you need to be ready to adapt and get informed all over again.

For my family, the change came when Ismail was about to leave secondary school and he suddenly felt like he was losing control of his carefully structured life.

Ismail had always loved going to school – he was comfortable with the place and the people, and he felt happy and safe in his daily routine. Unfortunately, as he was growing older, we knew that he couldn't stay there forever, so we began to search for a college for him. Once we had found one and secured a place for him, we knew that Ismail needed to get used to the idea and be introduced to the college gradually. His school was meant to help support him with the transition by taking him to college on specific days to allow him to acclimatise to the new surroundings. Unfortunately, they didn't manage to do this consistently. What's more, as the end of the school year approached, a teacher told Ismail in a very matter-of-fact way that he wouldn't be coming back to school after the summer holidays. Ismail found that extremely difficult to process and he became very anxious.

Over the summer holidays, Ismail's anxiety about not going back to school led to some very challenging behaviour. He stopped eating and sleeping properly and he became aggressive if my husband or I didn't do the things he demanded.

Once he started at college, things became even worse. His new college didn't give him the support he needed. Ismail was often left to his own devices, so he would go to the college canteen and buy as much sugary food as he could. This would make him vomit, and when he tried to clean up the mess by himself, members of staff would try to stop him, which would lead him to become upset. The college came to the conclusion that they couldn't meet his needs.

Just as we thought things couldn't get any worse, the Covid-19 pandemic hit and lockdown happened. It was an impossible time for us as a family. Ismail's structured life was now nothing more than a distant memory and he simply couldn't process it. His anxiety was sky high, he stopped eating and sleeping completely, and just watched television all day in our living room. Worst of all, he was desperately sad and desperately angry and he spent hours crying and screaming at the top of his lungs. We were unable to do anything to console him.

My poor child was deteriorating in front of my very eyes, minute by minute, and I felt so utterly helpless. I had learned so many strategies to help Ismail at the courses ten years earlier, but all of a sudden they weren't working anymore. My son seemed unrecognisable to me and, for the first time in years, I didn't know what to do.

I felt broken, but the one thing I knew was that I had to carry on. I had other children to look after and be strong for, and I felt that if I crumbled then everything else would crumble. I cried in secret when I was in the shower or in the car on my way to the office. I struggled to function properly at work, constantly looking at my phone and worrying about what was going on at home. I drank coffee all the time and I ate and ate, trying to find comfort in food.

Things came to a head one day when I arrived home from work to find Ismail screaming in distress in our front garden. He had been awake for three days straight. My husband was trying in vain to calm him down, and neighbours were beginning to gather around our house, wanting to know what the commotion was all about. He needed to sleep so, in desperation, I called for an ambulance, but the call handler heard Ismail's screams in the background and said they wouldn't send an ambulance without the police being present.

Three awful hours later, the ambulance and police finally arrived and took Ismail to the hospital. The medical staff injected him with a sedative to make him sleep but it had no effect at all – it didn't even calm him down. They told us that if they tried to administer any more medication, his heart might stop. I was horrified.

My son was suffering. His brain and his body were out of control. We were told that the only way that we could get any real help for Ismail was by getting an assessment, so we pushed for it and eventually one was arranged. A psychiatrist came to our home and saw Ismail's anxiety and challenging behaviour for himself. He diagnosed Ismail with ADHD, PDA (Pathological Demand Avoidance) and anxiety and, as a result, Ismail was sent for residential treatment at a wonderful autism unit.

Ismail stayed in the unit for three months. The autism specialists there gave him the medications, treatment and strategies that he needed to get settled again and take back control of his life. They worked with us as a family to give us the information we needed to support Ismail through this new stage in his life. We asked all the questions we could think of to make sure we were fully informed about how to meet Ismail's needs. Now, once again, Ismail is happy, healthy and family life feels settled.

It just goes to show how important it is to stay informed about autism and about the needs of your child at different stages in their life. Keep seeking out information and keep asking for help – it is available, but you need to be consistent. Never give up.

GET INFORMED TIPS:

- Build your knowledge about autism through trusted organisations such as the NHS, The National Autistic Society and Ambitious about Autism.

- Join a course designed for the parents and carers of children with autism run by the authentic institution (please be aware that there plenty of fake institutions) .

- Learn to look at the world from your child's point of view and understand why they behave a certain way in certain situations.

- Always involve your child in decisions by giving them a choice of options.

- Give your child the space and time to get used to new ideas – children with autism can often struggle with transitions and need to acclimatise slowly to new things, routines, people and places.

- When life changes for your child, for example if they move to a new school or a new home, it may be a source of anxiety that causes behavioural changes. Seek out new information that will help you to support your child. Keep on building your knowledge.

- Never assume that you know everything there is to know about autism. Stay up to date with the latest information and keep adapting your knowledge.

CHAPTER

4

GET OUT THERE

GET OUT THERE

— Dealing with the outside world —

Autism is a spectrum condition and affects people in different ways. Like all people, autistic people have their own strengths and weaknesses, but one thing that commonly features in the experiences of most autistic people is a tendency to withdraw into their own world. In fact, the word 'autism' comes from the Greek word 'autós' which translates as 'self'. For children with autism, this is often evident in the way that they can be happy to play alone and entertain themselves without needing any input from other people or any external stimulus.

What I've learned over the years is that while children with autism may be happy to enjoy their own company, it's also really important that we give them every opportunity to enjoy human interaction too. In order to prepare our children for an independent life – and to make sure they never feel excluded – we need to regularly invite them to step out of their world and provide a safe space for them to experience the rest of the world.

I've always been committed to taking Ismail out to all the places where I take my other children such as the cinema, restaurants, the seaside and the shops. We always speak about every outing in advance to give Ismail the chance to prepare for it, and we make plans to mitigate any anxieties. For example, we might check menus to make sure the restaurant we are planning on going to will cater for any sensory food issues. For your child, perhaps you might need to take sunglasses or ear defenders along with you.

It's natural for parents to worry about their child not being able to cope with a trip or outing, or being concerned about their child experiencing sensory overload and having a meltdown. I've certainly been there and I get it. But I've come to realise that the more we expose children to the world, the more comfortable and confident they will feel within it.

Something else that parents can worry about is dealing with the judgement of other people when they are out in public. I completely understand this because when you have a child with autism, it can sometimes feel like everyone has an opinion about you and your child. I have had to deal with so much unwanted attention, criticism and ignorance over the years – and sometimes the worst offenders have not been strangers, but people who I thought of as my nearest and dearest. Members of my family have made unkind comments about Ismail's behaviour and said that he was rude due to his communication difficulties, while close friends have questioned my parenting methods or called Ismail my 'sick child'. Over the years I have developed a thick skin, but I can't pretend that the things people have said haven't hurt me.

My experiences over the years have led me to conclude that nobody knows what's best for my child like me – and nobody is as well informed about him as I am. The same goes for you – always remember that you are the expert on your child. You should never let somebody else's uninformed opinion contribute to your decision making or your emotional wellbeing.

I believe that the best approach to take with other people is to think of every interaction as an opportunity to educate people about children with neuro-diversities. Once, not long after Ismail was diagnosed with autism, I took my children out for lunch. After we had placed our order at the restaurant, we sat at our table and waited for our food to arrive, but I could see that Ismail was getting very hungry. All of sudden, he got up from his chair and casually walked over to another table where a young couple were eating their meal. Without a word, he reached out his hand and grabbed some chips from the woman's plate and ate them.

I'm not sure who was more shocked – the couple or me! But I knew that the best way to deal with it was with a positive attitude. I got up, walked over to the couple, smiled and apologised. I explained that my son had autism which meant he sometimes struggled to process the idea of boundaries. I offered to buy some more chips for them, but they smiled back at me, thanked me for the explanation and said they fully understood and that it was no problem at all.

There have been many times when I have explained to people that Ismail's meltdowns are caused by the anxiety that results from something unexpected happening. I've told people how children with autism have less resilience to deal with issues and upsets in the way that a neurotypical person might be able to. I've discovered that if you are willing to be open and educate people about the challenges that your child is facing, you will be surprised about how understanding and helpful most people can be.

GET OUT THERE TIPS:

- While children may be happy to enjoy their own company, make sure you encourage lots of human interaction too.

- Expose your child to the world – take them out to meet new people and experience new places such as cinemas, restaurants and shops.

- Prepare your child in advance for any outing – talk it over and make plans to mitigate any anxieties.

- Don't let the fear of other people judging your child prevent you from taking them out and about.

- Treat every interaction as an opportunity to educate people about children with autism – you'll be amazed how kind most people can be.

CHAPTER

5

KEEP GOING

KEEP GOING

— Trust the process —

By this point, I hope you're beginning to realise that your child has every chance of living a happy life and becoming as independent as they can be. There's so much to be positive about and there's so much help out there. But, right now, your child's greatest source of support, their biggest advocate, and the person who stands to have the largest impact on their life is you.

It's wonderful that we live in a society where support is available in schools for children with autism, however it's important to remember that our children spend longer at home with us than they ever do at school so, as parents, it's our job to help them thrive. I know that may sound like a lot of responsibility but, believe me, it's worth it. The joy of seeing your beloved child master a life skill that you've taught them – one that nobody but you believed they could ever manage – is immeasurable. There's nothing like that feeling of celebrating with your child whenever they achieve something new, or getting a special smile from them when you tell them how proud you are of them for trying.

I believe that in order to prepare our children for a more

independent life, it's important that we always give them the opportunity to do things for themselves. You might assume that your child isn't able to get themselves dressed, to brush their own teeth or to prepare themselves a drink, but if you don't give them the chance to try, how will you ever know?

When you're helping your child to learn practical life skills, patience is crucial. Never give up. I remember a time when I wondered whether Ismail would ever be able to learn how to shower by himself. We encouraged him to try for many months and it certainly wasn't an instant success – in fact he would often use an entire bottle of shower gel during each shower! Sometimes I wondered whether we should give up trying. I'm so glad that we persisted because with time and understanding he eventually got there.

The thing about progress is that it can be difficult to see from day to day, so it's easy to become frustrated and consider quitting. The biggest regret I have is that after ten months of taking Ismail to sessions with the private speech and language therapist, I didn't think that we were seeing any dramatic progress, so I decided that we should give it up. In retrospect, I've come to realise therapies like this offer slow and steady progress, but at the time I didn't know what to expect. Therapies may be a long-term commitment, but they can provide long-term improvements too. Take it from me, when you give up on an intervention, you spend the rest of your life wondering, 'What would my child's life be like now if we'd continued?'

When I think about teaching things to a child with autism, I liken it to planting a seed. Once you've planted your seed, you keep watering it and tending to it, but you don't see anything happening above the ground. However, things are happening underneath the soil – the roots are growing and getting stronger. Then one day, often when you are least expecting it, a green seedling finally shoots up. It's a similar thing with children. They absorb and process the information they are given, even if you can't see it happening. Then, one day, often when you least expect it, they achieve something that you had almost given up on them ever being able to do. You just need to be consistent and trust the process.

Whatever you are working on with your child, whether it's a practical skill or a therapy, my suggestion is to record and document progress from your starting point. If you take a video each week or month, you'll soon be able to look back and see that improvements are being made – this is especially helpful if they are slow and steady. The other thing that is incredibly important is celebrating your child's efforts over and over again. Let them know how proud you are of them for persevering in learning new skills. Never underestimate the motivational power of a big smile from you.

Ultimately, when it comes to a child with autism making progress towards an independent life, there's no quick fix or magic bullet, and there's no substitute for a lot of time, energy, and understanding. But the thing I want you to hold on to is the fact that progress absolutely can happen if you stay consistent and keep going.

KEEP GOING TIPS:

- In order to prepare your child for an independent life, give them every opportunity to do things for themself at home.

- Never assume that your child isn't able to do something – if you never give them the chance to try, how will you ever know?

- Remember that progress can be difficult to see from day to day, but that doesn't mean it isn't happening. Keep going and trust the process.

- Document progress weekly or monthly – you'll soon be able to look back and see that improvements are being made.

- Always praise your child's efforts in learning new skills.

- There's no quick fix for making progress – you just need to stay consistent and keep going.

CHAPTER

6

LOOKING TO THE FUTURE

LOOKING TO THE FUTURE

— *Fight the fear and keep the faith* —

or many parents of children with autism, their biggest fear is the future. It was certainly mine. From the moment we received Ismail's diagnosis, the big questions came thick and fast. What would happen to him when my husband and I got older and weaker and were less able to care for him? What would happen when we die? Would he ever be able to live alone? Would he ever be able to get married? Would he ever learn to drive? Would he ever be able to lead a happy and fulfilling life?

In the early days, I remember that the worries used to wake me up at night time, and as I lay there in the dark I would cry and pray for Ismail to have a good future. I used to try and bargain with God, asking him to take away my ability to communicate and give it to my son. In the daytime, I would take on a lot of charitable work, always hoping that my good deeds might come back to me by bringing help for my son.

Fear can make you feel isolated. I used to keep all my worries to myself, not wanting to burden anyone else with them. I know now that my husband was experiencing the same worries as I was, but neither of us wanted to talk about them for fear that we would upset each other. Talking about your fears for your child's future is a difficult conversation to have but, looking back on it, I wish that we had shared our feelings with each other. Rather than burdening each other, we would have actually been supporting each other and both of us would have felt less alone.

Fear can also lead you to make bad decisions. It's natural to want to protect your child, but when you're scared, you can become overprotective and controlling, and that can mean you limit your child's freedom. What's more, knowing that your child struggles to communicate about things can lead you to become paranoid about other people – you start to think the worst of them and question their intentions. I've been there.

My biggest fear was always where Ismail would live when he was older and who would look after him when myself and my husband were no longer around. My fear reached its peak one day when I saw a piece on the news about the residents of a care home being neglected and abused by members of staff. It disturbed me more than anything I've ever seen, and it fed into my distrust of others.

As time went on, I learned that it was all too easy to let fear control you. The constant negative thoughts become tiring. I decided that it was time for things to change, so I started to flip the way I thought about things. I realised that if I focused on the things that I wanted for my child rather than the things I didn't want for him, I'd have something positive and actionable to work towards. It has made an enormous difference.

Having already decided that I never wanted Ismail to live in a care home, I began to research alternative options and came across the idea of assisted living. In assisted living accommodation, people with autism get the freedom of living independently outside of the family home, but they also get the help and assistance they need from a support worker. It sounded like the ideal option for Ismail so, after a lot of research, we decided that this would be the positive goal for the future that we would work towards.

From that point onwards we focussed on helping Ismail to develop the personal skills he would need to live as independently as possible in assisted living. I felt that the more I could do to teach him how to take care of himself properly, the better his life would be. It feels so good to work with your child towards something positive rather than sit worrying about something negative.

I'm happy to report that after visiting several assisted living houses, we finally found one that was ideal for Ismail, and he now lives there by himself. Of course, we'll always be nearby to support him, and he also has his support worker on hand.

There are different types of assisted living so it's important to do your research and find the right place for your child in the right location and with the right facilities. It's also important to find the right support worker who will support your child in the way they need.

You may not know, but in order for you to have input in these decisions and to be a voice for your child, you need to be granted a court-appointed guardianship order. This is necessary because when a child with a learning disability reaches the age of 16, they are classed as an adult in the eyes of the law and parental rights are extinguished. If you don't get a guardianship order, you won't have the legal authority to make any welfare decisions on behalf of your child and they will be left to your local authority.

The process of getting a guardianship order can be quite lengthy – it takes a minimum of six months – so I would suggest that you get the ball rolling when your child turns 15. A solicitor can help you with the court application.

When it comes to the future, the advice I want to leave you with is to keep aiming for a positive goal, keep the faith, and keep searching for success stories from your tribe. When Ismail was first diagnosed I couldn't find any stories of young people with autism leading independent lives. I know that if I had, it would have helped to ease my fear. That's why I'm so keen to share our family's story. I hope that it will help you to turn your fear into faith and realise that an independent life is possible for your child.

LOOKING TO THE FUTURE TIPS:

- It's natural for you to worry about your child's future, but you mustn't let fear control you as it can lead to isolation, paranoia and poor decision making.

- Focus on the things that you want for your child rather than the things you don't want – this way you have an actionable goal to work towards.

- When you're searching for a positive vision of your child's future, turn to your tribe for inspirational success stories of young adults that show you what is possible.

- Make a plan of how you are going to achieve the future you want for your child and break it down into steps, for example, learning independent skills or visiting assisted living houses.

- Get the legal authority to make welfare decisions on behalf of your child by applying for a court-appointed guardianship order before they turn 16.

- Always keep the faith. Hang on to the fact that an independent life is possible for your child.

CHAPTER

7

DON'T FORGET ABOUT YOURSELF

DON'T FORGET ABOUT YOURSELF

— Make time for self-care —

*W*hen you give birth to a child, your life completely changes. When Ismail arrived in my life, I was thrilled, yet I also felt like I lost my identity overnight. As the mother of a child with additional needs, you never stop thinking about them for a second – not even when they're asleep, at school or at nursery. I focused all of my time and energy on Ismail and so little of it on myself.

Before long, I had completely forgotten about the person I used to be before having a child. I used to be a woman who loved to put on her lipstick, her high heels, and her smartest clothes to go out with her friends. Now, I lived in 'mum clothes' while my smart clothes hung untouched in my wardrobe.

I was constantly exhausted as every waking minute was taken up with caring for Ismail and, later, my other children. I was also extremely houseproud because I had been raised to believe that part of being a good mother was making sure my house was spotless.

I would drink coffee and snack all day long in the hope that it would give me energy and keep me going. In actual fact, the snacks were making me unhealthy and the coffee was preventing me from sleeping by stopping my brain from switching off. I was becoming even more tired and I felt like I was trapped in a vicious cycle.

I always thought that taking time for myself was selfish and that I didn't have time for any respite when I had a family to look after. Whenever I was away from my children, I was riddled with 'mum guilt'. What right did I have to enjoy myself when I had a family who needed me?

Now I know better. What I've learned over the years is that without taking some time out for yourself, you won't have the energy, resilience and clarity of mind to take care of the people who rely on you. As the parent of a child with autism, you have so many decisions to make, whether they're about your child's education, health or wellbeing, so it's important that you're able to keep a clear head. Being well-rested is crucial to this.

Self-care can help you get the rest you need, but it's about more than just sleep. It's about disconnecting from your responsibilities and your worries for a little while so that you can recharge mentally, spiritually and emotionally. Once you have, you will be better able to support your children.

Self-care can mean different things for different people. Some people love to get away from it all by working up a sweat at the gym or on a run around the park. For others, it's about catching up with friends, unwinding with a bath or losing themself in a book, TV show or movie. The main thing is knowing what you find relaxing and making a commitment to building it into your life.

For me, self care means putting on my favourite clothes and catching up with my friends for comedy shows, meals out or pampering days. It's always such a tonic to laugh with some of the people who know me best, and I always come home feeling refreshed. The other thing I love to do is exercise because it always gives me energy. Whenever I do a workout, I feel instantly better and I'm ready to face the rest of my day. But to do this, I have to commit to making time for myself – and you need to do that too.

It's very easy for us to put ourselves last and say that we will start looking after ourselves when the family is in a better routine, when your child has started school, or when life settles down. But the thing I've realised is that life rarely settles down! Issues always arise in every family – and no sooner have you sorted out one issue that another issue crops up. So don't wait. Put yourself first and build in time everyday to do something that you love – even if it's just sitting down for five minutes with a cup of tea and a magazine.

Never feel guilty about taking time for self-care. Remember, if you're exhausted, you can't operate properly, so taking time to relax is an investment that will pay off for you and your family because you'll feel lighter, less annoyed and less frustrated. And don't forget: the housework can always wait until tomorrow!

I really hope that reading my story has been helpful, made you feel less alone and given you lots of tips about how to support your child on the path to independence. Being the parent of a child with autism can often be challenging, but it can also be beautiful, inspiring and uplifting. I feel proud to be Ismail's mum – he surprises and delights me every day and he has taught me so much. As his mother, I have learned more than I could have ever imagined about love, compassion and my own capabilities. It's been an incredible journey, and I feel privileged to have walked every step of it alongside him. And if I can do this with my child, I'm here to tell you that you can do it with yours. You've got this.

DON'T FORGET ABOUT YOURSELF TIPS:

- Taking some time to look after yourself will give you the energy, resilience and clarity of mind to look after the people who rely on you.

- Self-care is all about disconnecting from your responsibilities and your worries so that you can relax and recharge mentally, spiritually and emotionally.

- Work out what you like to do to relax. It could be exercising, socialising with friends, pampering yourself, reading or watching TV shows or movies.

- Don't wait for life to settle down before you start to look after yourself because it never will! Make time for self-care now – make it a priority and plan it into your week.

- You don't need to spend hours on self-care – even five minutes with a cup of tea and a magazine can be beneficial.

- Don't become obsessed with doing the housework – it can always wait until tomorrow. Put your needs first!

TUBTA NOLOSHA AUTISM-KA

TUBTA NOLOSHA AUTISM-KA

WAAYA-ARAGNIMO & RAJO-GELIN HOOYO

Labo-Af
INGIRIIS-SOOMAALI

Qortay
SAAMIYA CALI

Tarjumid
BOODHARI WARSAME

LOOH PRESS
LEICESTER | MOGADISHU
1446/2025

LOOH PRESS LTD.

Dhowran © Saamiya Cali 2025
Soo Saariddii Kowaad, Daabacaaddii Kowaad Abriil, 2025

WAXAA DAABACAY::

Looh Press Ltd.
Leicester, England. UK
Muqdisho, Soomaaliya
W: www.LoohPress.com
E: LoohPress@gmail.com
T: +44 79466 86693
T: +252 61 0743445 / +252 61 8707573

Wixii talo ama falcelin ah ka la xiriir qoraaga:
geelmaasho@gmail.com

TARJUMAY   : Boodhari Warsame (Looh Press)
NAQSHADAYNTA   : Kusmin (Looh Press)
GALKA   : Looh Press

Cinwaankan wuxuu ka diiwan geshanyahay Maktabada Birittan
A British Library's Cataloguing-in-Publication (CIP) record for this book is available from the British Library.

ISBN:

978-1-912411-51-1   : Gal khafiif ah (Paperback Cover)

TUSMO

SAAMIYA Cali

HORDHAC

– Is-deji –

Márka ilmahaaga laga helo xaaladda caafimaad ee autism-ka, waxaaad dareemeysaa cabsi iyo walwal. Waxaa dhici karta in dareenkaasi uu afduubo ambiyo gebi ahaan maankaaga, isla markaana wiiqo tamartaada oo dhan. Waxaa dhici karta inaad ka xumaato xogta dhaqtarkaagu ilmahaagu kaa siiyay. Xataa waxaaba dhici karta inaadka shakido in aadadigu khalad dembi gashay oo aad naftaada eedayn iyo is-hiifid ku bilowdo. Waalid ahaan, waxaa maskaxdaada ku taagan walwal ballaaran oo kaa haya sida uu mustaqbalka ilmahaagu noqon doono.

Halkan waxaaan idiinkugu sheegayaa in mustaqbalka uu adkaankaro, shakina kuma jiro inay jiridoonaan caqabado adagu ay tahay in aad ka gudubto, ugu dambeynta-se wax kastaa way hagaagayaan, kolkaad dhexda u xirato Rabbina talo saarato. Ilmahaaga waxaaad u diyaarin kartaa nolol farxad leh oo uu madax bannaani ku noolaado. Buugganina waxa uu ku tusi doonaa sida habboon iyo waddadaaad ugu diyaarinayso guusha.

> Haddiiba ilmahaaga laga helay xaaladda Autism-ka, waxaaan doonayaa inaad horta xoogaa is-dajiso ka dhigto in aanay waxba is-bedelin oo xasuusato ilmahaagii quruxda badnaa, maantanaba wali waa isla ilmahaagii shalay, berrina isla ilmahaagii qurxoon aaayay ahaandoonaan. Waxa kali ah ee is-beddelaya waa aqoontaaad adigu u yeelanayso la dhaqanka xaaladda Autism-ka.

Waxa kale oo aan doonayaa in aadogaato in aadaan adigu waxba hallayn. Akhri jumladdaasmar kale. Xaaladdani adigu eed kuma lihid. Autism-ku ma aha natiijo ka dhalatay fiitamiinnadaaad qaadatay ama aad qaadanwayday intii aad uurkalahayd (Hooyoy). Autism-ku ma aha natiijo ka dhalatay tallaalada ilmahaagu qaatay. Autism-ka cidna laguma eedayn karo.

Ugu dambeyn, waxaaan doonayaa inaad fahamto in xaaladdan la tacaaliddeeda aadan kaligaa kuahayn. Waxaajira ilo badan oo aad ka helayso macluumaadiyo taageero, kuwaas oo kaacaawinaya adiga iyo qoyskaagaba inaad la jaanqaaddaan nolosha xaalada Autism-ka, anigaana xogahaas kula wadaagidoona.

Haddaba, maxaaad ku aamminaysaa waxyaalahaaan kuu sheegay oodhan? [Waa gartaa in aad is-waydiiso]. Aniga ayaa joogi jiray halkaaad joogto.Tubtaaad joogtaan hore u soo maray. Welwelku intuu iga batay ayaan gaaray heeraan ledi waayo. Hase ahaatee, ka dib markii Autism-ka noociisa daran laga helay wiilkayga isaga oo siddeed jir ah, hase ahaatee hadda wiilkaygu waa 22 jir, noloshiisuna way wanaagsan tahay. Soo gaaridda meeshani mar walba may fududayn, laakiin waaannaga aan gaarnay.waxaaan ogahay inaad adiguna awooddo gaaridda meeshaas.

Aniga iyo qoyskayga wax badan ayaan ka barannay sannadihii safarkayaga Autism-ka. Waxaa intaadheer, maadaama aan ka soo shaqeeyay waaxda caafimaadka iyo daryeelka bulshada eeUK, waxaaan fahmayaa nidaamka. Hadda waxaaan aad u danaynayaa la wadaagidda sheekadayda iyo aqoontaaan waaya-aragnimadayda ka soo urursaday, si'aan u caawiyo qoysaska kale ee ay saamaysay xaaladda caafimaad ee Autism-ka. Aniga iyo saygeygu waxaaan aasaasnay urur Daryeel Autism ah urur u taagan caawinta waalidk ailmahoodu la nool yihiin xaaladda Autism-ka, waxbaridda, xoojinta iyo soo dhawaynta qoysaska la tacaalaya xaaladaha Autism-ka, buuggan ujeeddadiisu waa xaqiiqjinta hadafkaas.

Buugga, waxa ka buuxa macluumaadkii aan jeclaanlahaa in qof ii sheego markii ugu horraysay ee wiilkayga lagu ogaaday [Autism]. Waxaaan rejaynayaa in aad wax ka faa'iddo aqrinta buuggan.

Ka hor intaaadan rogrogin bogagga buugga oo aadan dhex muquuran sheekadeyda, naftaada shaah macaan ku casun, meel xasilloon ooraaxo leh fadhiiso, oo bal naftaada waqti yaroo deggaanaansholeh u hibee. Waxaa dhici karta inay kuu muuqato in haddaaan ufadhi kuu ool, laakiin wax kasta way hagaagi doonaan.

Waxaa hubanti ah in aad intaa iyo in kaleba kufilan tahay oo aad ka adagtahay.

CUTUB

1

AUTISM BAA LAGA HELAY!

AUTISM BAA LAGA HELAY!

– *Laxawyada-dareen* –

Waligay carruurta waan jeclaa, waligayna waxaaan ku hammiyi jiray in aan reer yeesho oo qoysaan leeyahay yagleelo. Soomaaliya ayaan ku koray, qoyskayagana aniga ayaa curad ku xiggeen [curradda hooyaday nala aanay korin] u ahaa, sidaa awgeed ayaan aniga oo aad u da' yar la i saaray mas'uuliyad waynoo ay ka mid ahayd in aan walaahay iga yaryar hayo/xannaaneeyo. Nasiibwanaag, hawlahaasi kuwaan jeclaa oo ku raaxysto ayay ii ahaayeen, waligayna qoyskayaga xiriir dhow ayaan la lahaa.

Aniga oo 16 jir ah ayuu Soomaaliya dagaal sokeeyey ka dhacay, markaa oo qofkii awoodi karay dalka kabaxay. Aniga oo kaashanaya eheladayda ayaan u guuray Talyaaniga. Halkaa ayaan kula kulmay seygayga oo aannu isku guursanay. Waxyar ka dib ayaannu UK [Ingiriiska] u soo guurnay shaqadiisa darteed.

Guurkayga, wax badan ka hor ayaan sii doortay magacaaan u bixin doono wiilka aan mustaqbalka dhalidoono. Waxaaan xusuustaa aniga oo saaxiibaday ku iraahda, haddiiba aan wiil dhalo in aan ku sammin doono awowgiis-aabbe oo aan u bixin doono [Ismaaciil Haashim Ismaaciil] .Waxaaan iskajeclaaday sida magacu u dhawaaqo

7

oo kor ayaan ugu dhawaaqijiray.

Aad ayaan ugu farxay markii aan arooskayagii waxyar ka dib ogaaday in aanuurka ku siso wiil.

Maalintii Ismaaciil nolosheenna ku soo biiray waxaaan dareemay in riyooyinkaygii oo dhammi rumoobeen. Ilme yar oo qurxoon ayuu ahaa iyo nuurka noloshayda. Maadaama aan hooyo noqday, wax kasta sidii laga rabey ayaan u samaynayay. Nolol daalbadan ayay ahayd laakiin farxad leh.

Ismaaciil markii uu 18 biood jiray ayuu bilaabay in uu "Mum" iyo "Dad" yiraahdo. Aniga iyo saygayguba farxad ayaannu caadda la marnay. Hase ahaatee, sidii uu u joogay ayuu durba hadaliddii joojiyay. Hooyaan ahaye waan walwalay laakiin dadka oo dhammi waxa ay igu yiraahdeen wuu hadli doonaa markauu doono. Sidaa ayaan isaga sugay. Ismaaciil sidii ayuu u aammusnaa. Shan ilmood oo kale ayaan dabadi dhalay, afar gabdhood iyo wiil, dhammaantood markii ay hadleenna isagu wali innaba ma uu hadlayn. Dadku waxa ay igu yiraahdeen waa heeruu ka gudbi doono. Iskuulka waxaa kula kulmi jiray baxnaaniye (therapist) hadalka iyo luqadda qaabbilsan iyo xirfadle cilminafisga waxbarashada qaabbilsan. Ismaaciilwali ma hadlin!

Hadalla'aanta waxaa u weheliyay caado uu yeeshay oo ahayd in uu daaqadda guriga ku dhaygago oo uu waqti dheer dibadda fiiriyo. Aniga iyo ninkayguba waannu garannay in uu walaalihiiska duwan yahay, sababta in aan ogaannana aad ayaannu u sugila'ayn. Joogto ayaannu dhaqtarrada ugu geyn jirnay waxaayna noo sheegi jireen in uu xaaladdan ka kori doono. Shaybaarro ayaa la mariyay dhaqtarro kala duwanna waa loo diray. Haddana shaybaarro kale. Haddana dhaqtarro kale ayaa loo gudbiyay. Waa adduun sida wax u jiraan ma aanan garanayn, walwalka xaalka wiilkayga iga hayayna wuu i hafiyay. Wax ogaanla'aanta ayaaba qarracan-keeda lahayd.

Ka dib, maalin maalmaha ka mid ah, anigaoo is leh waa iskabaaritaannadii joogtada ahaa, ayuu dhaqtarkii igu yiri erayada naan lagu diirsan:

> "
>
> *"Waxaa noo soo baxday in wiilkaagu Autism qabo. Waa cillad nolosha oo dhan uu la noolaan doono."*
>
> "

Waa dareen aanan diyaar u ahayne, neeftaa ciriiri igu noqtay.wixii la ii sheegayoo dhan waxaan ka qabsaday "waa cillad caafimaad oo noloshiisa oo dhan uula noolaandoono."

Intaa markii aan maqlay ayaa waxa aan noqday sidii qof maskaxdii meel kale ka aadday. Gebigaygubaa maqane-jooga ayaan noqday. Dhaqtarku in uu afka nuuxnuuxinayo waan u jeeday, laakiin waxa uu sheegayo ma aan maqli karayn.

Markaa Autims-ka waxaanka aqiin ma jirin. Dhabahaanba, dalkayga Soomaaliya xaaladdan guud ahaanba aqoon looma laha oo xataa magac loo yaqaan ma jiro! Cilladaha caafimaad ee lixaadka qofka kala dhimana sida badan waa wax laga xishoodooo la qarsado (taboo).

Aniga ogaalkay, erayga "naafo" waxaa loo adeegsan jiray qofaan dhaqaaqi karin, aan kaligiis labbisan karin, kaligiisna aan musqulgeli karin. Haddana waa kan oo wiilkaygu isaga oo faraxsan ayuu xafiiskii dhaqataradda dhexdiisa meel agtayda ah isaga cayaarayaa, wax yaalahaas oo dhan kaligiis ayaana samaysan kara! Haa oo hadalka iyo waxbarashada xoogaa dhib ayay ku ahaayeen, laakiin sidiisa kale innaba naafanimo ka ma muuqato. Arrimuhu way isukay qaban waayeen.

Markii aan ugu dambayn dib is-dejiyay, dhaqtaraddii ayaan waydiiyay, "Maxaansamayn karaa?" "Waxba," ayaytiri.

Aniga oo ciirsila'aan dareemaya ayaan ka soo baxay dhaqtaraddii. Wax war ah la ima siin, la iimana sheegin meelo aan taageero ka helo, websit-yo, warqado maclluumaad ku qoran yahay, kooxo is-taageerideed, midna!

Ismaaciil ayaan gurigii u la soo lugeeyay, iyada oo erayadii ahaa 'naafanimo noloshiisa daba soconaysa ay wali madaxayga ka yeedhayso. Durba wixii rejooyin iyo riyooyin ahaa ee aan wiilkayga la doonayay waxaay u ekaadeen in ay hawada raaceen. Waxaan garan waayay waxaan ku sheego sida muqtaqbalkiisu noqon doono. Tolow abidki ma isku filnaandoonaa? Riyooyinkiisa ma uu gaaridoonaa? Sidee dadku u la dhaqmi doonaan?

Dagaal sokeeyana ku soo noolaaday laakiin, ilaa iyo markaa, waligay intaan noolaa oo dhan cabsi intaa laeg ma dareemin.

TALOOYINKU

AADDAN OGAANSHAHA CILLADDA:

- Balammahadhaqtarradu way ku khalkhalin karaan, sidaa awgeed qofha kuraaco si uu kuu la dhegaysto waxa la sheegayo.

- Ballaanta meelku duubo adiga oo adeegsanaya app waxduuba oot elefoonkaaga ku jira. Mar dambe ayaad sifiican u dhageysan kartaa.

- Ha is eedayn. Autism-ka ma yimaado fitamiinno aadan qaadan intii aaduurkalahayd ama tallaallo ilmahaagu qaatay. Eedda adigu malihid.

- Yeelo waqtiiyo firaaqo aad dareennadaada kaga baaraan degtid. Xusuusnow in wax kasta oo aad dareemaysaa ay gebi ahaanba iska dabiici yihiin.

- Qoys ahaan waqti u wadaqaata. Ilmahaaga in badan habsii, xusuusnowna in aanu ilmuhu waxba iska beddelin, jacaylka idin ka dhexeeyayna uu sidiisii yahay.

CUTUB

2

ISDIYAARI

ISDIYAARI

— Is hubee —

Toddobaadyo ka dib ballantii dhaqtaradda Ismaaciil, waxaa iga xoogbatay dareen-laxaweedyadayda. Bilowgaba, waandiiday in aan aqbalo cilladda canuggayga lagu sheegay. Waxaaaan u qaatay in dhakhtaraddu gebi ahaanba khaldantay. Aniga oo aad u sugi la' inaan ra'yiga dhaqtar kale helo ayaan Ismaaciil u kaxeeyay inuu la kulmodhaqtar cilmi-nafsi oo khaas carruurta u ah oo xaqiijiyay in uu dhab ahaa Autism-kiisuna aad u daranyahay.Wuxuu ii sharraxay in Autism aanu cudur ahayn. Waa xaalad ku dhacda sida dadku u la xiriiraan u lana falgalaan dunida ku xeeran. Wuxuu ii sheegay in Ismaaciil iskuulka wax ka baran karo laakiin ay xoogaa waqti dheeraad ah ku qaadan doonto. Wuxuu ku taliyay in loo geeyo baxnaaniye hadalka iyo luqadda qaabbilsan, iskuul khaas ahna lagu qoro, tan ugu muhiimsanna waxa uu ii sheegay in inta uu caawinta qoyska helayo Ismaaciil aanay waxba ka xumaanayn. Markii aan cilminafsiyaqaanka intaa ka maqlay ayuu ilayskii rejo ee u hoorreeyay ii bidhaamay neef naruuro lehina iga soo booddday oo xasilay.

Markaa laga bilaabo, waxaaan bilaabay in aan Sabti kasta Ismaaciil u geeyo baxnaaniso hadalka iyo luqadda qaabbilsan. Tababarkhaas ah oo murqaha wajigiisa qaabbilsan ayay siinjirtay layli-guri aan usoo samaynano inta ballamaha dhaqtarrada u dhexaysa wa ana siinjirtay. Maalin kasta, Ismaaciil iyo anigu cashada ka hor ayaannu miiska jikada fariisan jirnay si uu tababbarkiisii u sameeyo. Dedaalkaas maalinlaha ahaa ayaa sabab u ahaa in hadda Ismaaciil hadli karo.

Waxaay kuula ekaankartaa in aan nasiib kulahaa in aan canuggayga u geynkaray cilminafsiyaqaan iyo baxnaaniye hadalka iyo luqadda ku takhasusay oo khaas ah, laakiin, aan kuu caddeeyee, innaba uma sahlanayn qoyska oo qof kali ah dakhligiisa kun oolaa. Si aannu adeegyadaas u awoodno waxaaannu ku khasbanayn in aannu waxyaalo kale ka maaranno, hase ahaatee isla markiiba waxaa muhiimmadda noogu wayn noqotay in Ismaaciil horumar sameeyo.

Arrinta aanan waagaa ogayn waxa ay ahayd in haddii xaaladda ilmahagaaga lagu sheegay saxnimadeeda aadan kuqanacsanay inaad xaq u leedahay in aadra'yi kale ka dalbato NHS. Waxaaad kale oo xaq u leedahay wax ka qabasho bilowga horaba ah baxnaanniyo (Therapies) kala duwan oo ilmahaaga caawin karta, isuguna jirta baxnaaninta hadalka iyo luqadda, baxnaaninta firfircoonida iyo bulsho dhexgalka iyo wixii kale ee baxnaanin caafimaad ah oo cilmiyan la aqoonsan yahay ah, sida nooca loo yaqaan Applied Behaviour Analysis therapy (ABA).

Baxnaaninta hadalka iyo luqadda waxa uu ilmahaagu ka dheefi karaa barasahda sidii uu si qumman dadka u la hadli lahaa, taa oo noqon karta hadal afka ah, miidaar (Picture Exchange communication System) ama tilmaamid-summadeysan (Sign Language), ama tiknoolojiyad. Marba haddii ilmuhu baahiyahooda siqumman dadka ugu sheegan karaan, waxa ay ka dhigantahayniyadjabkaoo ka yaraada

Baxnaaniyayaashu firfircoonida (Occupational Therapist) qofku, waxa ay ilmahaaga ka baari karaan xaalad kasta oo la xiriirta dereen wadayaasha ee ilmuhu qabi karaan una baahan in wax laga qabto. Baxnaanintaas, waxaa kaga yaraan kara wixii ciriirimaskaxeed ah oo ay dareemayaan waxaayna ka caawinkartaa in ilmahaagu iskii isu maamulo.

Ballanta wax ka qababashada hore lagu dalbanayo, waxa dhici

karta in aad waxbadan sugtid, sidaa awgeedna way habboontahay in aad bal iskuulka ilmahaaga ka raadisid in uu ka shaqeeyo baxnaaninta hadalka iyo luqadda qaabbilsan. Haddii laga helo, ka codso in aad adiguna kulammada baxnaaninta ka qaybgelikarto, si aad u aragto layliyada la samaynayo oo aad adiga iyo ilmahahaagu ugu sii tababarataan waqtiga ballamaha u dhexeeya. Waxaaad kaloo YouTube ka heli kartaa video-yaal badan oo ku saabsan baxnaaninta hadalka iyo luqadda iyo layliyadda firfircoonaanta qofeed, koorsooyin badan oo waalidiintu wax ka baran karaanna online-ka ayaa laga helaa. Marka aad adigu khabiir noqotid oo aad ilmahaaga maalin kasta la shaqaynayso, wax wayn ayaad ku kordhin kartaa in natiijo wanaagsan la gaaro; kolley annaga taasi si wacan ayay noogu shaqaysay.

Bilo ka dib waxaa ii fududaatay in aan la qabsado xaaladda Autism-ka ee Ismaaciil. Waxaaan xaqiiqsaday in xaaladdani qayb uun ka tahay qofka uu yahay. Waa isla wiilkii cajiibka ahaa ee markii uu noloshayada kusoo biiray u iftiimay adduunyadayada. Markii aan taas aqbalay, waxaaan dareemay in culeys iga degay.

Waxaa intaa dheeraa, xaaladdan Ismaaciil laga helay dhiirrigelin ayaan ka qaaday noloshaydana higsihorleh u yeeshay. Waxaa iga go'nayd in aan wax kasta oo aan awoodo sameeyo, si'aan u meel mariyo in Ismaaciil noloshiisu u hagaagto. Intii 'naafanimo awgeed la daaladhicilahaa.

Khubarada caafimaadka, qaddarinteeda ugu sarreysa ayaan u hayaa laakiin, hooyo ilmo Autism qaba haysata ahaan, waxaaan gartay in aanu jirin qof ilmahayga sidaan u aqaan u yaqaan, sidaa awgeedna waa ii muhiim in aan faqauurkaygu ii sheegayo aamminaa. Haddii dhaqtar wax ii sheego oo aanan kuqancin in waxaasi sax yihiin, ama ii sheego wax aanan aqbalikarayn, ama aan ka dareemo in walaacayga aan waxba laga sooqaadayn, mar kasta waxaaan codsadaa talo kale ama meel kale ayaanka raadsadaa. Maadaama aan ilmahaygau doodayo, u ma baahni in aan duuduub isaga aqbalo waxa la ii sheego, adiguna waa in aadan iska aqbalin.

Waxa kale ooogaaday in haddii aad welwel ka qabto xaalka ilmahaaga, hadba marka macluumaadka ugu badan ee aad la tegi karto ballamahaay natiijadu ka siifiicnaanayso. Waxaa laga yaabaa in aad u baahan karto xusuus-qor, siaad u caddayso waxa dhacay iyo goorta ay dhaceen. Waxa kale oo suuragal ah inaad dhakhtarkaaga u diyaarsato su'aalo qoran, si'aad u hubiso inaadan illoobin ama ka ilduufin. Waxaaad la tegi kartaa muuqaalaad ka duubtay ilmahaaga oo habdhaqanno walaac leh ku kacaya, si'aad caddayn ugu hesho walaacaaga. Si kasta oo aad ballamaha isugu diyaariso, xusuusnow in aad adigu khabiir ku tahay ilmahaaga, sidaa awgeedna mar kasta taada ku adkayso.

Markii u horreysay ee Ismaaciil xaaladdan lagu ogaaday, ma aangaranayn qof kale oo ilmo Autism qaba haysta, taa darteedna ma aan helin dad ila wadaaga khibraddooda ama i la talin kara. In kasta oo maalin kasta qoyskaygu I garabtaagnaayeen, haddana inta badan nololgo'doon ah ayaan dareemayay. Mararka qaarkood waxaaan dareemayay inaan ahay qofka kali ah ee adduunka oo dhan maraya waddadan adag ee jahawareerka badan. Aad ayaan ugu daalay.

Ka dib ayaan ogaaday inay jiraan waalidiin kale oo aad u badan oo aynnu isku xaalad nahay. Marka aan la xiriiro oo sheekooyinkayga la wadaagaba waxaaan dareemayay in aan taageero badan helayo. Sidayda oo kale ayay waalidiin taasi iyaguna xaaladda Autism-ka 24/7 (24-ka saac) la noolaayeen, sidaa awgeedna dhammaantood waxa ay yeesheen xeelado u gaar ah oo ay ku caawiyaan carruurtooda, mar walbana waxa ay ku faraxsanaayeen inay aqoontooda la wadaagaan kuwa kale. Wadasheekaysi qiimo leh ayaan waalidiintan la yeeshay sannado badan, talooyin kayga kuwa ugu muhiimsanna waxaa ka mid ah inaad tolkaa (tolkaa waa waalidiinta kale ee haysta caruurta Autism-ka leh) raadsato.

Waxaa jira kooxo iskaashato taageero isu ah oo loogu talagalay waalidiinta carruurta qaba Autism-ka. Kooxaha-is-taageeridda ee degaankaaga ka ag dhow waxa aad ka heli kartaa internetka. Haddii aanad heli karin agagaarkaaga, maxaa kaahaysta in aad adiguba koox samaysato?

Waxa kale oo jira kooxo badan oo taageero ah oo aad online kula xiriirikarto 24-ka saac maalintii, meel kasta oo aad joogto. Ururradaas waxaa ka mid ah Daryeel Autism oo aad ka helikarto Facebook, Instagram, Snapchat, iyo TikTok. Afka Soomaaliga, Daryeel waa in *'sinaxariis ku dheehan tahay wax loo daryeelo'*, sababta oo ah waa waxa aynnu waalid ahaan dhammaanteen isku dayeyno. Waxa aan ururkanu bilaabay in aan ka dhabeeyo in waalidka haysta ilmaha Autism-ka qabaa aanu dareemin go'doon, sidii igu dhacday bilowgii halgankayga. Waxa aannu nahay koox saaxiibo ah, waxa aannu jeclaan lahayn inaad nagu soo biirto.

Waxaaan kugu la talin lahaa in aad in badan tijaabiso kooxaha taageerada, si'aad u ogaatid kuwa adiga kugu habboon. Ha illaawin tolkaa waa uu ku sugayaaye, mar haddii aad heshidna waa in aadan dib dambe cidla' u dareemin.

TALOOYIN:

- Isudiyaariin noloshaada iyo arrimaha mudnaanta kuu leh ay is-beddelaan marka aad noqoto u-doodaha ilmahaaga. Waxaa laga yaabaa in ay aad kuugu cuslaato, laakiin waadsamayn kartaa. Ma jiro qofkaaga khabiirsan ilmahaaga.

- Haddii aadan ku qancin xaaladda caafimaad ee ilmahaaga lagu sheegay codso baaritaan kale.

- Ku adkeyso in ilmahaagu helo baaritaan xilli hore ah. Ka war doon baxnaaninta hadalka, luqadda, firfircoonida iyo applied behavioural analysis therapy (ABA).

- Adiguba khabiirk u noqo baxnaaninta hadalka iyo luqadda. Goobta u jog ballamaha ilmahaaga, ama wax ka baro fiidiyowyada iyo koorsooyinka online-ka ah.

- Maqal waxa qalbigaagu kuus heegayo. Haddii aad ka werwer santahay ilmahaaga, ku taagnow xirfadlayaasha caafimaadka hana u oggolaan inay werwerkaaga waxba ka sooqaadi waayaan.

- U diyaarso ballaamaha caafimaad xusuusqorro, su'aalo qoraal ah, ama video-yaal.

- Ha ku ilduufin xogaha khaldan, sida, tusaale ahaan, Autism-ka waxaa lagu daweyn karaa cuntooyinka gaar ah ama fatimiinno.

- Iska jira baxnaaninta beenta ah iyo turafatoorayaasha. La macaamil kali ah khubaro caafimaad oo caddayn rasmi ah lehl anaaammini karo.

- Tolkaa ka raadso kooxaha taageerada. La sheekayso qoysaska halgankaaga oo kale kujira.

CUTUB

3

WAX OGOW

SAAMIYA Cali

WAX OGOW

— *Aqoontuwaa Awood* —

Márkan waxa aad ogaatay in ilmahaaga laga helay xaaladda Autism, waxaadna bilowday inaad xaqiiqada aqbasho. Waxaaad qaadday tallaabooyin aad ku raadinayso dadka xaaladdu idin wada haysato, si'aad u hesho taageeradaaad u baahantahay. Waxa aad sees adag u dhigtay sidii aad ilmahaaga u caawinlahayd, haddana waa waqtigii ay bilbaaban lahayd shaqada: dhisida aqoontaada Autism-ka.

Waa muhiim in aad sida ugu wanaagsan ee suuragalka ah u taqaan xaaladda ilmahaaga haysata ,si'aad dareenkooda si fiican u fahanto, una bilowdo inaad aduunka ku aragto indhaha ilmahaagu kua rko. Tani waxa ay kuu suuragelinaysaa inaad ilmahaagu heerkaay joogaan ku qaabbisho oo aad qoyska ka dhex saarto niyad-jabka iyo xiriir xumada badan ee nolosha qoyska haysata.

Hal wax oo aan bartay intii aan xaaladdan ku dhexjiray waa in waxaaad ogaato tahay caado joogto ah. Marka aad muddo ku dhex jirto nolosha ilmahaaguna isbeddesho, baahiya hooduna way isbeddelayaan. Sidaa awgeed, waa muhiim inaad mar walba xog cusub aad heshaa oo kororsataa.

Waxaajira ilo xogeed badan oo lagu kalsoon yahay oo loogu

23

talagalay waalidiinta ilmahoodu xaalada Autism-ka qabaan. Wandanka UK degelladaas lagu kalsoon yahay ee internetka ayaa ah meelaha ugu wanaagsan ee wax laga bilaabi karo (ka eeg urruro kuwaan la mid ah wadankaad joogtid ama kuwanba daalaco):

- NHS (ama wadankaad joogtid waaxdiisa Caafimaadka website-kooda **nhs.uk/conditions/autism/**

- TheNationalAutisticSociety **autism.org.uk** (ama wadankaad joogtid Autism.org aan ahayn kuwa lacagta dadka ka sameeya; iska hib fadlan)

- Ambitious about Autism **ambitiousaboutautism.org.uk**

Markii Ismaaciil Autism-ka laga helay 2008, ma jirinxog badan oo xaaladdan ku saabsan oo internetka looga heli karay sida maanta looga heli karo. Sida ugu wanaagsanayd ee aan xogku heli karay waxaay ahayd in aan ka qayb qaato koorsooyin laga bixin jiray iskuulka Ismaaciil.

Waxa aan qaatay tababaro oo kala duwan oo lagu taageero waalidiinta iyo daryeelayaasha ilmaha Autism-ka qaba, kuwaa oo loogu talagalay ilmaha da'doodu u dhexeyso lix ilaa sagaal sano, iyo loogu talagalay carruurta da'doodu u dhexayso 10 ilaa 16. Koorso kasta waxaa laga bixiyaa talo iyo hagid ku aaddan tabaha iyo siyaabaha loo taakuleeyo ilmaha Autism-ka qaba, sida looga qayb gelikarana waxaaad ka heli kartaa internetka.

Anigu waxaaan qaataykoorsada badan oo aad ii anfacday. Waxa aan xusuustaa sidii casharrada toddobaad kasta la qaato indha iigu furay oo aan Autism-ka wax cusub uga bartay, iigana caawiyay inaan ku fahmo sababta carruurta Autim-ka qabtaau leeyihiin dabeecado gooni ah oo hadba xaaladda ay ku sugan yihiin khuseeya. Tusaale ahaan, waxaaan bartay in sababta uu u neceb yahay Ismaaciil tahay in uu galo supermarket-yadu in uu dhibsanayo sida albaabbadda Automatic-ga ahi u furmaan una xirmaan ee aanu necbayn supermarket-ka qudhiisa. Waxaan kale oo ogaaday in sababta Ismaaciil mar kasta oo dhar cusub oo aan u soogado marka uu xiranayo aadka ugu ooyo ay tahayuun in uu isbeddelka neceb yahay ee dharka ruuxiisa necbayn.

Koorsadu waxa ay iga caawisay in aan fahmo in Ismaaciil muddo badan ay kuqaadanayso in uu wax ka baaraandego. Waxa kale oo itustay in ay suuragal tahay in la adeegsado xeelado isaga ka caawinaya sidii uu waxyaalahaas u go'aansanlahaa. Mid ka mid xeeladaha ugu muhiimsani waxaay ahayd oo kali ah in aan Ismaaciil kala doorasho dheeraad ah u siiyo sidii uu noloshiisa u maarayn lahaa. Haddaba, marka ay noqoto in aan Ismaaciil ka caawiyo sidii uu u la qabsan lahaa xirashada dhar cusub, waxaaan bilaabay in isagu ii raaco dukaammada oo aan fursad u siiyo in uu dharka kala doorto. Markii aan Ismaaciil ka qaybgeliyay go'aaminta dhar iibsiga, waxa uudareemay in uu dharka cusub taladiisa qayb ka yahay, sidaa awgeedna ay u badan tahay in uu u bogo xirashadadharkaas.

Waxa kale oo aan bartay waxa ay ahayd muhiimadda ay leedahay in waqti iyo firaaqo loo siiyo ka baaraandegidda waxyaalaha iyo xaaladaha cusub ee ku yimaada. Tusaale ahaan, marka aannu dhar iibsasho ka nimaadno, marnaku ma khasbi jirin in dharkaas cusub maalinta xigtaba xirto. Mar kasta waxaa u wanaagsanayd in dharka cusub ay qolkiisa dhawr maalmood meel surnaadaan, si Ismaaciil u ar-arko oo u la qabsado. Markaa ka dib ayaan ka hadli jiray dharka, dabadeedna waxa aannu wada go'aansan jirnay maalinta uu isku deyidoono in uu xirto. Maadaama la siiyay fursad uu arrinta cusub ku la qabsado, taariikh cayimanna loo qabtay, waxa ay ka dhigan tahay in waxyaalaha ku cusub aanay marna lama filaan uu ka dido ku noqon.

In aan horta anigu wax bartay ayaa wax wayn ii ahayd, igana caawisay in ilmahayga xaaladdiisa fahmo. Waxa aan badanaa la yaabaa sida noloshaydu ahaan lahayd haddii aanan koorsooyin badan qaadan oo aanan aqoon u kororsadeen sidii aan u fulin lahaa xeeladihii Ismaaciil noloshiisa wax ka beddelay. Waxaa dhici kartay in aan ku wareero arrimo badan oo ay ka mid tahay marka in uu dhar cusub xirto ama kaba darane, waxaa dhici kartay in aan ku khasbo si uu dharka u xirto, taa oo in ay uga darto mana aanu garaysteen. Si ay ahaataba, waalid ahaan, mararka qaarkood waxaa dhacda in aynnu ilmaheenna ku khasabno in uu mar qaato innagaoo ka baqaynna in dadku wax ka sheegaan, ama innagaba naga sheegaan. Hadba inta uu la egyahay fahanka baahiyaha ilmaheenna ayuu leekaanayaa fahanka arrimaha dhabahaan muhiimka kuu ah, waana taa sababta aan u rumays nahay in ay aadmuhiim u tahay in aynnusikastaooinoosuuragal ah aqoon ugu yeelanno dhammaan arrimaha ilmaheenna khuseeya.

Macluumaadkii aan ka helay koorsooyin badan oo aan qaatay ayuu qoyskeennu sannado dambe oo badan ku meelmaray. Muddo ayaan dareemay in arrimuhu isugu kaaya hagaageen oo aannu dhan kasta ka maaraynnay. Ismaaciilxaal kiisu wuu isugu toostay, noloshuna way noo xasishay, laakiin isla mar aan dheeraynba waxaaan dareemay in markaaad ilme Autism qaba haysato wax kastaa gebi ahaanba degdeg isu beddeli karaan. Marka taasi dhacdo, wax kasta oo is lahayd waad taqaan daaqadda ayay ka bixi karaan. Sidaa darteed, waxa aad u baahan tahay in aad diyaar sii ahaato oo maclllimaad ama macallin hor leh barato.

Qoyskaygu wuxuu isbeddel hor lihi ku yimid markii Ismaaciil dugsiga sare ka baxayay, markaa oo uu dareemay in noloshiisu sida uu doono isugu nadaamsanayd farahiisa ka baxayso.

Ismaaciil waligiis waa uu jeclaa in uu iskuulka aado; iskuulka iyo dadka joogaba waa uu u bogsanaa, jadwalkiisa maalinlaha ahna waa uu ku faraxsanaa. Nasiib-darro, markii uu soo waynaana-yay, waannu sii ogayn in aanu halkaa waligii joogayn, sidaa darteedna waxa aannu bilownay in kulliyad u raadinno. Markii aannu u helnay, waannu ogayn in Ismaaciil u baahan doono muddouu kula qabsado kulliyadana tartiib-tartiib loo qabadsiiyo.

Iskuulka ayaa laga rabay in uu ka caawiyo la-qabsiga oo uu maalmo cayiman kulliyadda geeyo, si'uu u la sii qabsado meesha cusub. Nasiib-darro, hawlahasi joogto ah uma ay qaban. Waxaa intaa u dheeraa, markii dhammaadka sannad-dugsiyeedku soo dhawaaday ayuu macallin si toos ah Ismaaciil ugu sheegay in aanu fasaxa ka dib iskuulka kus oo laabanayn. Ismaaciil ayayku adkaatay in uu arrintaas aqbalo aadna wuu u walwalay. Fasaxii (iskuulka xirnaa) summerka intii lagu jiray, walwalkii Ismaaciil ka qaaday in aanu iskuulka ku laabanayn waxaa ka dhashay in uu yeesho dabeecado aad u dhib badan. Wuxuu joojiyay in uu wax cuno oo sifiican u seexdo, haddii aniga ama ninkaygu aannu yeeliwaynno waxyaalaha uu dalbanayo wuuna nala colloobi jiray.

Markii uu kulliyadda bilaabay, xaalku wuu ka sii daray. Kulliyaddiisa cusub ka ma uu helin caawinadii uu u baahnaa. Ismaaciil badanaa in uu isagu is-debbero ayaa loo daayay, marka wuxuu yeeli jiray in uu makhaayadda kulliyadda tago oo macmacaan badan ka iibsado. Macmacaankaas marka uu aad uga dhergo ayuu matagijiray, markii uu damco in uu isagu meesha nadiifiyana shaqaalaha goobta ayaa isku deyijiray in ay ka celiyaan, taa oo uu ka caroonjiray. Ugu damabyn, maamulkii kulliyaddu waxa ay garawsadeen in aanay baahiyihiisa dabooli karayn.

Annaga oo is leh xaaladdii ugu xumayd ayaad ku jirtaan ayuu safmarkii Covid-19 yimid oo la bilaabay in guryaha lagu xayirnaado. Waqti qoys ahaan aad noogu adkaa oo nasoomaray ayuu ahaa. Noloshii sida u roon isugu habaysnayd Ismaaciil meeshii way ka baxday, taa oo isaga ka degi waysay, welwelkiisuna circa ayuu isku shareeray

Cunno cunid iyo hurdaba gebi ahaan wuu joojiyay, maalin oo dhanna qolkayaga fadhiga ayuu TV-ga horfadhin jiray. Waxaa ugu sii darnayd, aad ayuu u murugaysnaa oo u caraysnaa, saacado bandanna oohin iyo in uu aad u qayliyo ayay ku dhaafijireen. Innagu, innaba ma aannaan awoodin in aan dejinno.

Wiilkayagii miskiinka ahaa, innaga oo u jeedna ayuu marba marka ka dambaysa ka siidarayay, haddee waa daqiiqad daqiiqad, aniguna waxaan dareemay in aanan wax ka qaban karin. Koorsooyinkii iyo waxbarashadii ee aan toban sano ka horqaatay waxaan ka bartay xeelado badan oo aan ku caawin karo Ismaaciil, laakiin sidii loo joogay ayay dhammaantood midna ii shaqayn wayday! Wiilkaygii wuxuu i la noqday sidii qofa anan garanayn, sannado badan ka dib markiiiiiguhorreysayayaan wax aansameeyogaranwaayay.

Guul darro ayaan dareemayay, laakiin halka wax oo sida wanaagsan u aqiin waxa uuahaa in aanan marna is-dhiibin. Waxaa ii jooogay carruur kale oo iyaguna xannaano iyo in aanan ka taagdarrayn iiga baahnaa, sidaa awgeedna waxaaan dareensanaa in haddii aan is-dhiibo wax kasta dumayaan. Qarsoodi ayaan u ooyi jiray markaaan kaligay qubaysanayo ama aan gaariga ku jiro ee xafiiska u siis ocdo. Sida aan ahaan jiray in aan u shaqeeyo ayaa dhibi gunoqotay, mar kastana telefoonkayga ayaan indhaha ku hayn jiray, aniga oo ka welwelaya balgurigii maxaa ka dhacaya. Kafee ayaanj oogto u cabbi jiray, anigaoo nafis ka doonayana cunno aan xadlahayn ayaan isku daldalij iray.

Wixii oo dhan waxaa isku fuuqasaday, markii aan maalin aniga oo shaqada ka imid soo gaaray gurigii Ismaaciil oo aad u qaylinaya oo deyrka hore ee guriga jooga. Saddex habeen oo xiriir ah ayaanu seexan. Ninkaygu intii awooddiisa ahayd oo dhan waa uu isku deyayay in uu aammusiyo, deriskaygiina waxa ay bilaabeen in ay guriga soo hor dhoobtaan, iyaga oo doonaya in ay buuqa meesha ka socda wax ka ogaadaan. In uu seexdo ayuu degdeg ugu baahnaa, sidaa darteedna waxaan ugu yeeray ambalaas (Ambulance), laakiin marki qaylada Ismaaciil gadaal ka maqleen ayay ku adkaysteen in aanay ambalaas u soo dirayn ilaa booliisku yimaado.

Saddex saacadood ka dib ayay ugu dambayn ambalaas iyo booliis yimaadeen oo Ismaaciil isbitaal la geeyay. Shaqaalihii caafimaadku waxa ay ku dureen dawooyin dejiya si uu u seexdo, laakiin waxba way ka tari waayeen; xataa ma dejin. Markaa ayay noo sheegeen in haddii ay dawo kale siiyaan ay dhici karto in wadnuhu istaago; waan qarracmay.

Wiilkaygu aad ayuu u dhibbanaa. Maskaxdiisa iyo jirkiisuba xadkii xakamaynta way dhaafeen. Waxaana loo sheegay in sida kali ee aannu Ismaaciil caawinaad ugu heli karnaa tahay in qiimayn caafimaad lagu sameeyo, taana waannuku dedaalnayoo waa loo helay. Dhaqtarka dhimirka ku takhasusay ayaana guriga noogu yimid oo indhihiisa ku arkay anxiety-ga dabeecadihiisa qallafsan. Wuxuu Ismaaciil ku sheegay

ADHD, PDA (Pathological DemandAvoidance) iyo anxiety, sidaana waxaa loogu gudbiyay xarun dawayn oo leh waadhaad (qeyb Wards) u wanaagsan oo autism-ka loogutalagalay.

Waadhkaas ayuu Ismaaciil saddex biloox ku jiray. Khubarada Autism ku takhasustay ee halkaa joogay ayaa siiyay dawooyin, baxnaanin iyo xeelado loo baahan yahay sidii uu u xasili lahaa ee uu noloshiisa mar kale u maamulan lahaa. Wixii su'aalo nagu dhacay oo dhan waannu waydiinnay si'aannu u hubsanno oo si taxaddarlehna loo ku sheego sidii aannu Ismaaciil baahiyihiisa uga caawinlahayn. Markaa ayuu haddana Ismaaciil farxadi ka muuqatay, caafimaaday, noloshii qoyskuna caadi kusoo laabatay.

Tani waxaay ku tusaysaa sida ay muhiim u tahay in aad aqoon u yeelato Autism iyo baahiyaha heerarka kala duwan ee nolosha ilmahaaga. Ha joojin in aad xog iyo caawinaadba raadsato. Caawinaad waad helaysaa, laakiin waa in aad mar kasta u taagan tahay raadinteeda. Waligaa ha quusan.

TALOOYINXOGRAADIS:

- Dhis aqoonta aad u leedahay Autsim-ka adiga oo u maraya hay'adaha kus haqada leh, sida *NHS, The National Autistic Society* iyo *Ambitious about Autism; am wadanka aad joogtid hay'adahooda caafimaad ee dwaliga ah.*

- Qaado koorsooyin loogu tala galay waalidiinta iyo xannaanneeyayaasha carruurta Autism -ka qaba ee laga bixiyo National AutisticSociety -EarlyBird, EarlyBird Plus or Teen Life(Wadanka aad joogto ka raadso hay'addo dawli ah).

- Baro in aad dunida kugu hareeraysan u aragto sida ilamahaagu u arko oo fahan sababababaha ay xaaladhasi u gaar ah ugu dhaqmaan.

- Mar kasta ilamahaaga ka qaybgeli go'aannada la gaarayo oo sii fursado wax kala doorasho

- Ilmahaagu ha helo waqtiga iyo fursad uu ku la qabsado waxyaalaha cusub. Ilmaha Autsim-ka qabaa way la halgammaan isbededdellada, waxayna u baahanyihiin in ayaayar u la qabsadaan waxyaalaha aanay hore ugu baran, jadwallada, dadka iyo goobaha cusub.

- Marka nolosha ilmahaaga waxiska beddelaan, tusaale ahaan ay iskuul cusub bilaabayaan ama guri cusub degayaan, waxaa dhici karta in ay anxiety (welwel) ka qaadaan oo dabcigoodu is-beddelo. Raadso macluumaad cusub oo kaa caawiya sidiiaad u caawin lahayd ilmahaaga. Aqoonkororsiga marna ha joojin.

- Waligaa ha is oran wax kasta oo Autism ku saabsan waad taqaan. La soco macluumaadkii u dambeeyay ee soo baxay aqoontaadana mar kasta cusboonaysii.

CUTUB

4

DIBADDA U OUT SOO BAX

DIBADDA U OUT SOO BAX

— La Macaamildunidaguriga ka baxsan —

Ǎutism waa xaalad nuucyo badanah oo dadka siyaabo kala duwan u saamaya. Sida dadka kale oo dhan, dadka Autism-ka qabaa waxyaalo ayku fiican yihiin iyo waxyaalo aanay kufiicnayn ayaa jira, laakiin hal waxoo ka dhexeeya dadka Autism-ka qabaa, waa in ay leeyihiin dabeecad iyo duni u gaaroo ay ku mashquulaan. Dhabahaan, erayga 'autism' wuxuu ka soojeedaa erayga Giriigga ah ee 'autos' oo lagu tarjumikaro 'qofiyonaftiis'. Carruurta Autism-ka qabta, tani waxa ay badanaa ka muuqataa sida ayiyaga oo faraxsan kaligood isaga cayaarikaraan oo isumaaweelin karaan, iyaga oo cid kale caawin uga baahnayn ama wax meel kale uga yimaad oo maankooda saameeya. Waxaaan sannado badan oo aan ku dhexjiray bartay, waa in iyada oo ilmaha Autism-ka qabaa dhicikarto in kali ahaan tooda isaga faraxsan yihiin, ay haddana muhiimtahay in aynnu gacan ka siinno fursad kasta oo ay dadka ku dhex geli karaan. Si aynnu ilmaheenna ugu diyaarinno madaxbannaani ololeed, una xaqiijinno in aanay marna cidla ku soo dhicin, waxaynnu u baahannahayin aynnu si joogto ah ugu qalqaalinno in ay dunidoodan u gaarka ka soogudbaan oo aynnu u gogolxaarno, sidii ay dunidainteeda kale u baran lahaayeen.

33

Waligay way iga go'nayd in aan Ismaaciil geeyo meel kasta oo aan ilmahayga kale geeyo, sida shineemada, makhaayadaha, dalxiiska xeebaha, iyo dukaammada. Tusaale ahaan, waxaa dhacda in aynnu sii hubinno in makhaayadda aannu qorshaynno in aan tagno ay leedahay wax dhibaato ah oo sensory food la xiriirta. Waxaa ilmahaaga hore ugu sii qaadikartaa oo kiyaalaha qorraxda ama qalabka difaaca dhegaha.

Waa iska caadi in waalidiintu ka welwelaan carruurtoodu marka aanay awoodin la qabsiga u bixidda maalinjoog ama dibadbax, ama marka ay ka welwelsan yihiin in ilmhoodu dareemayaashoodu xad-dhaaf ku dhaco oo ay isku yaacaan. Anigaa taa dhawaan soo arkay oo waan aqaan. Laakiin waxa aan xaqiiqsaday hadba inta aynnu ilmaheenna u bandhigno dunida inteeda kale ay la qabsanayaan oo ay ku kalsoonaanayaan la macaamilkooda.

Arrin kale oo ay tahay in waalidiintu ka welweli karaan sida dadka kale u arkaan marka dibedda u soo baxaan. Aad ayaan u fahmaya aarrintan, sababtaoo ah; marka aad haysato ilmo Autism qaba, mararka qaar waxaaad dareemaysaa in qofkastaa wax kaa sheegayo adiga iyo ilamahaagaba. Waxaa sannado badan jirtayin aniga oo aan u baahnayn la igu mashquulo oo dhalleecayn iyo jaahilnimo kale la igala dhammaan waayo; kaaga sii darane, dadka iigu darnaa ma ahayn dad aanan aqoone e waxa ay ahaayeen uun dadaan u haystay in ay dadka iigu dhawaayeen oo ugu jeclaa. Qaar isla qoyskayga ka mid ah ayaa dabeecadaha Ismaaciil waxyaalo aan samayn ka sheegi jiray, iyaga oo leh wuu edeb daran yahay maadaama uu sida dadka loo hadlo (amaloo la macaamilo) dhibku qabay. Qaar saaxibbaday iigu dhow ahaa ka mid ah ayaa iyaguna ilmakorintayda Ismaaciilna ku tilmaami jiray 'canugxanuunsan.' Sannado badan ayay igu qaadatay in aan dulqaad dheeraad ah u yeesho, laakiin marna iskama dhigi karo sidii qof aanay dhibayn wayaalahaas dadku igu durayeen. Waayo-aragnimo sannado badan iga soomartay waxaan ka bartay in qofna aanu iiga aqoonroonayn waxa ilmahayga u fiican oo aanu jirin qofu yaqaan sida aan u aqaan. Adiguna i la mid ayaad tahay ee mar kasta xusuusnow in aad adigu tahay khabiir ilmihiisa aan looga warroonayn. Waligaa ha yeelin in qof kale ooaan waxba ka aqoon uu ku lugyeesho go'aankaaga iyo fayaqabka dareenlaxaweedkaaga.

Waxaaan rumaysnahay in sida u wanaagsan ee dadka loo la wajahaa ay tahay in aad mar kasta oo aad la kulanto u aqoonsato fursad aad dadka ku barayso arrimaha la xiriira ilmaha xaaladaha Autism-ku ka mid yahay qaba. Waxaa jirtay maraan carruurtay dadibadda u qado geeyay, waxyar ka dib markii Ismaaciil Autim-ka laga helay. Markii aannu makhaayaddii cunno ka dalbannay ayaannu miiskayagii fariisannay oo ku sugnay inta cunnada la keenayay, laakiin waxaa ii muuqatay in Ismaaciil aad u gaajaysan yahay. Sidii loo joogay ayuu kursigiisii ka kacay oo u dhaqaaqay miis kale oo lammaane dhallinyaro ahi ku qadaynayeen. Isaga oo aan la hadal ayuu haabtay oo intuu jibis ka qaatay saxan gabadhu lahayd aayar iska cunay.

Ma hubo keennii qarracan badnaa aniga iyo lammaanaha meesha fadhiyay! Laakiin waxaaan ogaa in aan markaas oo kale sida aan u dhaqmi karaa tahay in aan niyad wanaag muujiyo. Waan istaagay oo intaan xaggii lammaanuhu fadhiyay u dhaqaaqay raalli geliyay aniga oo isla markaana dhoollacaddaynaya. Waxaan u sharraxay in wiilkaygu Autism qabo oo mararka qaarkood uu dhibku qabo kala-garashada xadadka la kala leeyahay. Waxa aan u soo jeediyay in aan jibis kale u iibiyo, laakiin ii dhoolla caddeeyeen ayay sharraxaadda iiga mahad naqeen iina sheegeen in ay si fiican u fahmeen, wax dhib ahna aanay qabin. Waxaa jiray marar badan oo aan dad u sharraxay in isku-yaaca Ismaaciil ay sababtiisu tahay welwel uu ka qaado marka si aanu filanayn wax u dhacaan. Waxa aan dadka u sheegay in sida carruurta xaaladda Autism-ka qabtaa ay qofka aan Austim-ka qabin ugaga adkaysi yaryihiin aqbalidda dhacdooyinka iyo is-beddellada kediska ah. Waxa aan ogaaday, haddii aad doonayso in aad dadka barto mixnadaha ilamahaaga hasyta, mamalayn kartid sida dadka badankiisu si fiican kuugu fahmayaan oo kuucaawinayaan!

TALOOYINKU AADDAN

MARKA BANNAANKA LOO BAXAYO:

- Iyada oo ilmuhu ka linnimadooda isaga faraxsan yihiin, haddanawaa inaad ku dhiirrigelisaa in ay dad badan la kulmaan.

- Ilmahaaga dunida inteeda kale bar; dibadda u saarsi ay dad cusub u la kulmaan oo meelo cusub u soo bartaan, sida shineemooyinka, makhaayadaha, iyo dukaammada.

- U sii diyaari ilmahaaga dibad u bixidda, siina qorshee sidii aad uga sii hortegi lahayd wixii welwel ku keenaya.

- Cabsi aad ka qabto in dadku wax ka sheegaan ilmahaaga yaanay kaa horjoogsan in aaddibadda u saarto.

- Kulan kasta u qaado sidii fursad aad dadka ku barayso xogaha ku saabsan carruurta Autism-ka qaba; waad la ashqaraari sida dadku u naxariis badan yihiin.

CUTUB

5

HA JOOGSAN

ᗣᘓᗡᘓᗣ

HA JOOGSAN
ᗣᘓᗡᘓᗣ

— *Aammin Tubta aad Hayso* —

*H*álkan markaaad soo gaarto, waxa aan rejaynayaa in aad bilbaabayso xaqiiq-sashada ilmahaagu uu haysto fursad kasta oo uu nolol farxad leh ugu noolaan karo oo intii la doono noqon karo ilmo madax bannaani ku noolaada. Yididiilo badan oo lagu farxo ayaa jirta, caawinaad badan oo aad heli kartaana way jirtaa. Laakiin, imminkaba, halka ilmahaagu ka helayo taageerada ugu wayn, u-doodidda ugu wayn, iyo qofka saamaynta ugu wayn noloshooda kulihi waa adiga uun.

Waxaa wanaaggeeda leh in aynnu ku dhex noolnahay bulsho caawino laga helayo, iskuullada loogu talagalay carruurta Autim-ka qabta, hase ahaatee waxaa muhiim ah in aad xusuusnaato in ilmaheennu waqti ka badan inta ay iskuullada joogaan ay guriganala joogaan. Sidaa awgeed, waalid ahaan, innaga ayaa u xilsaaran in aynnu ka caawinno horumarkooda nololeed. Waan ogahay in taasi ma'suuliyad culus u muuqan karto, laakiin iga rumayso aniga oo way u qalantaa middaas oo istaahishaa.

La ma qiyaasi karo farxadda ay leedahay in aad aragto ilmihaaga aad jeceshahay oo ka adkaaday xirfad nololeed oo aad adigu bartay, taa oo adiga ma aha e aanay jirin cid kale oo mas'uuliyaddaa ka bixi karo.

Ma jiro wax u dhigma in ilmahaaga farxad ku la dabbaal degto mar kasta oo ay guul cusub gaaraan, ama dhoollacaddynta qaaliga ah ee ay kuu muujiyaan markaaad u sheegtos idaaad u la dhacsantahay in ay isku dayeen.

Waxaaan rumaysnahay in si aad ilmaaha ugu diyaariso isku-filnaansho nololeed ay mar kasta muhiim tahay in aad siiso fursad ay iyagu waxooda kusamaystaan. Waxaa dhici karta in aad is-leedahayilmahaagu ma awoodo in uu kaligiis labbisto, laakiin sidee taaku ogaanaysaa haddiiba aadan siin fursad ay isku dayaan.

Marka aad ilmahaagaka caawinayso barashada xirfad nololeed oo ficil ah, dulqaad ayaa aad muhiim u ah. Waligaa ha quusan. Waxaan xusuustaa waa aan ka welwelsanaa in Ismaaciil waligii baran doono in uu kaligii uu qubaysto. Bilo badan ayaan nuku dhiirri gelin jirnay in uu iskudayo, mana ahayn arrin guul degdeg ah laga gaaray. Dhabahaan, markiiba wuxuu isku faaruqin jiray caag dhan oo shaambada lagu qubaysto ah. Waan ku farax sanahay in aannaan quusan oo waqti dheer iyo fahan ka dib ugu dambayn guushii la gaaray.

Horumarku sidiisaba wuxuu leeyahay dabci ay adag tahay in maalinba inta uu gaaray degdeg loo arko, waana taa darteed waxa keena in qofku u dulqaadan waayo oo ay ku soo dhacdo in uu iska quusto. Shallaytadayda ugu wayn waa in aan ka dib markiiaan Ismaaciil toban biitood geynayay xarun gaar loo leeyahay oo lagu baxnaaninayay hadalka iyo luqadda aanan marna is oran guul la sheego ayaad gaarteen, sidaa darteedna go'aansaday in aan joojiyo. Markaan dib uga fekeray, waxaan xaqiiqsaday in kulammada baxnaaninta noocaas ah horumarka laga gaari karaa aad u gaabiyo laakiin ugu dambaynta la hubo in uu imaanayo, laakiin waagaas waxaan ka fishaba ma aan garanayn. Baxnaanintu waxa ay u baahan tahay in waqti dheer loo huro, laakiin sidoo kale, waxaa laga dheefaa ka-soo-rayn mustaqbal qofka anfaca. Anigaa kuu huba, markaaad fursad wax-ka-qabasho ah dayacdo, cimrigaagaka hadhay oo dhan waxaa kugu taagnaanaysa, ilmahayga noloshiisu sidee noqon lahayd haddii aan sii wadi lahaa?' Marka aan ka fekero sida ilme Autim qaba wax loo baro, waxaan ku masleeyaa midhaad beerayso. Marka aad beerto, waa in aad waraabin iyo xannaanyn la dabajoogtaa, laakiin ciid sare waxba durba ka arki maysid. Hase ahaatee, ciidda hoose waxbaa ka socda oo xididdadii ayaa samaysmaya oo xoogaysanaya, dabadeed adiga oo aan filaynay uu maaliin uun biqil yar oo cagaarani ciidda ka soo kudaa. Ilmuhuna waa tabtaa oo kale.

Withchildren. Ilmuhu, macluumaad kaay helaan way qabsadaan oo ka baaraan degaan, xataa haddii aadan adigu arki karayn sida waxu dhacayaan. Ka dibna, sida loo joogo ayaad maaliin uun aragtaa iyaga oo bartay waxaad mar hore kala quusatay. Waxa kaliya ee aad u baahan tahay waa in aadan ka daalin oo aad barato seeska (Wadiiqooyinka) la marayo aammintana.

Arrinta aadka muhiimka u ah waxa ay tahay in aad kucelceliso u-dabbaaldegidda dedaallada ilmahaaga sameeyo. Ha ogaadaan in aad u hanwayn tahay oo ku faanayso sida ay ugu dulqaateen barashada xirfad cusub. Waligaa ha yaraysan awoodda dhiirri gelineed ee ay leedahay markaad dhoollacaddayn kal iyo laab ah walac uga siiso.

Marka aad ilmahaaga ka la shaqaynayso xirfad barasho toos ah ama baxnaanin (therapy), waxaan ku talinayaa in aad bilowgaba diiwaang eliso horumarka laga gaaro. Haddii toddobaadkii ama bishiiba video duubtid, muddo aan dheeraynba waxaad awooddaa in dib u tixraacdo oo aadaragto wixii horumar ah ee la gaaray, waliba waxa ay tani ku anfacaysa marka horumarku tubtiisa haysto laakiin gaabinayo.

Si kastaba ha haatee, marka laga hadlayo ilme Autim qaba iyo sida uu ku gaaro madaxbannaani nololeed, ma jiraan wax fudud oo iska diyaar ah ama mucjiso degdeg ah, mana jiraan wax lagu doorsado sabir waqti dheerqaata, tamar-gelin, iyo fahan xaaladeed. Laakiin waxaaan doonayo ah in aad ku dhegto xaqiiqada ah in maruun guusha horumarku imaan doonto haddii aad si joogto ah ugu dedaasho oo aadan quusan.

TALLOOYIN:

- Si aad ilmahaaga ugu diyaariso isku-filnaansho nololeed, uga faa'iidee fursad kasta oo uu iskiiis ugu debberi karo marka guriga la joogo.

- Waligaa ha iska malayn in ilmahaagu aanu wax samaysan karin. Haddii aadan fursaba siin, sidee ku ogaansaysaa in uu waxqabsan karo iyo in kale?

- Xusuusnow in horumarku uu mar kasta muuqdo, laakiin taa macnaheedu ma aha horumar ma jiro. Ha quusan tubta horumarka lagu gaarayana aammin.

- Horumarka si toddobaadle ama bille ah u diiwaangeli. Muddo aan dheerayn markaaad dib u milicsato waxa aad ogaanaysaa in xaalku ka soo raayay.

- Mar kasta ku ammaan dedaallada ilmaha uu samaynayo ee uu xirfado nololeed oo cusub ku baranayo.

- Ma jiro xal degdeg ah oo horumarka lagu gaari karo. Waxaaad u baahan tahay oo kali ah in aanad quusan ee hore u socoto.

CUTUB

6

ODDOROSIDDA MUSTAQBALKA

ODDOROSIDDA MUSTAQBALKA

— Ha Cabsan, Hana Quusan —

Waalidiin badan oo ilmo Autim qaba haysta cabsida ugu wayn waxa ay ka qabaan mustaqbalka. Aniguba la mid ayaanahaa. Laga bilaabo daqiiqaddii aannu helay xogta sheegaysa in Ismaaciil Autim laga helay, su'aalo culculus ayaa degdeg iyo isdabajoog noogu soo yaacay. Muxuu mudan doona marka aniga iyo saygaygu aannu duqow la tabar darrayno oo aanan aad u caawinkarayn? Muxuu mudan doonaa ,haddii aannu geeriyoonno? Ma uu awoodi doonaa in uu kaligiis noolaado? Ma uu awoodi doonaa in uuguursado? Sida wax ma barandoonaa? Nolol farxad iyo waxtarnimo leh ma uu kunoolaan doonaa?

Waxaaan xusuustaa, beryihii hore in aan habeennada welwel la soo toosi jiray, dabadeedna mugdiga ku dhex ooyi jiray oo Ismaaciil mustqabal wanaagsan ugu ducaynjiray. Waxa aan isku deyijiray in Ilaah la gorgortamo oo waydiisto in uu aniga awoodda hadlidda iga qaado oo wiilkayga siiyo! Maalinimada waxaan samayn jiray shaqo badan oo sadaqo ah, aniga oo rejaynaya camalkayga suubbani abaalmarintiisu in uuwiilkaygawaxtaro.

Cabsidu wayku go'doomin kartaa. Waxa welwel i hayay oo dhan

waan qarsan jiray, aniga oo aan doonayn in dadka kale ku dhibo. Hadda waxa aan ogahay in ninkayguna sidaa oo kale dareemayay, laakiin midkeenna aanu doonaynin uu ka hadlo, annagaoo ka baqayna in midbakan kale ka xanaajiyo. Way adag tahay in laga hadlo cabsiyaha aad ka qabto mustaqbalka ilmahaaga, laakiin markaaan dib uga fekero, jeclaan lahaay aa in aannu ka sheekaysanno waxyaalaha aannu dareemaynnay. Ismaaannu cuslayneene, waannu is-garabsan lahayn midkeenna kalinnimo ma dareemeen. Cabsidu waxa ay kaloo ku gaarsiin kartaa in aad go'aanno khaldan qaadatid. Waa iska caadi in aad ilmahaaga difaacdo, laakiin marka aad baqayso waxaa dhic karta in aad ka badbadiso ilaalinta ilmaha, ilaa heer aad xorriyadda ka qaaddo. Waxaa kaloo jirta, in aad ogaato mixnadaha ilmahaaga ka haysta sheegashada waxyaalaha uu dareemayo, waxa ayna ku geyaysiin kartaa in aad dadka kale joogto uga shakido oo aad bilowdo in ay xumaan u dan leeyihiin aad u qaadato. Anigaa tabtaa ahaa.

Cabsidayda u wayni waxa ay mar kasta ahayd halka Ismaaciil ku noolaan doono marka uu waynaado, yaase daryeeli doona haddii aniga iyo ninkaygu aanaan joogin. Cabsidaydii waxa ay circa isku shareertay ka dib markii maalin aan fiirsaday war sheegaya dadka guryaha daryeelka midkood deggan oo ay sixun u la dhaqmeen qaar ka mid ah shaqaalaha meeshu. Warkaasi sidii aan u dhibsaday waligay wax aan u dhibsaday ma jirin, shakigii aan dadka kale ka qabayna wuu igu sii kordhiyay.

Muddo ka dib, waxa aan bartay in ay iska fududdahay in cabsidu kaa qaalib noqoto. Fikraddaha badan ee joogtada kuugu soo dhacaya ayaa ku daalinaya. Markaas ayaan go'aansaday in aan sidaa wax ka beddelo oo sidii aan u fekeri jiray beddelay. Waxa aan yaqiinsaday in haddii aan xoogga saaro waxyaalaha aan wiilkayga la rabo, intii aan wax yaalaha aanan la rabin isku mashquulin lahaa, uu halkaa iiga soo baxayo himilo togan oo aan hiigsan karo. Aad ayay arrintaasi wax iiga beddeshay. Maadaama aan mar horaba go'aansaday in Ismaaciil aanu sinnaba xarun daryeel ku noolaan doonin, waxaaan bilaabay in aan qorshayaal kale raadiyo, dabadeedna waxa aan ka war helay habka loo yaqaan "assisted living"(qofka oo guri deggan in la caawiyo). Dadka Autim-ka qaba waxa ay xaqu yeelanayaan in meelgurigaqoyska ka baxsan, laakiin waxa ay helayaan shaqaale waxyaalaha ay u baahan yihiin ka caawiya. Waxa ay iila muuqatay arrin Ismaaciil ku habboonaan lahayd, baaritaan badan ka dibna waxaannu go'aan kugaarnay in taasi tahay yool togan oo aannu gaariddiisa mustaqbalka higsan karno.

Waagaa laga bilaabo, waxaaannu xoogga saarnay in aannu Ismaaciil ka caawinno in uu xirfadda shakhsi ahaaneed ee uu u baahan yahay yeesho, sidii uu assisted living madax bannaani ugu noolaanlahaa. Waxaaan dareemay in hadba intii aan bari karo in uu sifiican isu-debbero ay noloshiisa anfici doonto. Aad ayaad ugubogaysaa markaaad ilmahaaga kala shaqayso gaaridda yool wanaagsan, intaaad welwel iyo feker badan uun meel la fadhiyi lahayd.

Waxa aan ku faraxsanahay in aan sheego in muddo ah ka dib markii aannu dhawr xarumood oo assisted living ah booqday aanu ugud ambayn Ismaaciil u helnay mid ku habboon, haddana uu halkaa iskii ugu noolyahay. Dabcan, mar kasta waannu ka ag dhownahay oo waa caawinaynaa, shaqaale u gaar ah oo caawiya mar kasta wuu helayaa.

Noocyo kala duwan oo assisted living ah ayaa jira, sidaa darteedna waa muhiim in aad baaritaan samayso oo hesho xarunku habboon ilmahaaga oo meel habboonku taal tasiiladku habboonnnal eh. Waxaa kale oo muhiim ah kalkaaliye ku habboon oo ilmahaaga hadba sida baahidiisu tahay u caawinaya.

Way dhici kartaa in aanad ogayn, laakiin siaad go'aammadaas qayb ugu yeelato oo aad ilmahaaga ugu dooddo, waa in aad heshaa mas'uuliyada ka faalaqaad oo maxkamadi soo saartay. Tani waa lagama maarmaan, sababta oo ah marka ilmo waxbarashada cillad wayni ka haysato uu da'da 16 gaaro, sharcigu wuxuu u aqoonsanayaa qofqaangaar ah xuquuqdii gacan-ku-haynta ee waalidkuna way laalmaysaa. Haddii aanad helin xuquuq kafaalaqaad (oomaxkamad ka soobaxday), wax xaquuq ah oo sharciyaysan ku yeelan maysid ka go'aaminta arrimaha ku saabsan daryeelka ilmahaaga, mas'uuliyaddaasna waxaa la wareegaya dawladda maxalliga ah.

Wadadda loo maro helidda kafaalaqaad sharciyaysan waxaa dhici karta in ay dheeraato. Uguyaraan lix biloob ayay qaadataa. Sidaa awgeed, waxaan kutalinayaa markai lmuhu 15 sano gaaraba hawsha inaad si ibilowdo (Fadlan eeg sharciyadda wadanka ku nooshahay) . Qareen sharciyeed ayaa kaacaawin kara codsiga maxkamadda.

Marka mustqabalka laga hadlayo, talada aan idiinkaga tegayaa waxa ay tahay: Waa in aad higsato yool togan, niyada khayr u sheeg, hana ka daalin xal raadinta.

TALOOYIN:

- Waa iska dabiici in aad ka walwasho mustqabalka ilmahaaga, laakiin waa in aanay baqdintu kaa qaalib noqon oo aanay ku dhaxalsiin go'doomid, shaki badan, iyo go'aanqaadasho xumo.

- Xoogga saar waxyaalaha aadi lmahaaga la doonayso, intaad isku daalin lahayd ka fekridda waxyaalaha aadan la rabin. Sidaa ayaad kuyeelan kartaa yool togan oo la hiigsan karo.

- Marka aad wanaajinta mustabalka ilmahaaga ka fekerayso, dadkaaad isku dantatihiin la sheekayso oo si ay kaaga sheekeeyaan guulo ku dhiirrigeliya oo kusaabsan dhallinyaro ilmahaaga oo kale ah oo mustaqbalkoodu wanaagsanaaday.

- Degso qorshahaaad ku gaari karto mustaqbalka aad rabto, adiga oo qodobbo u kala qaybinaya. Tusaaleahaan, barashada xirfadaha isku-filnaanshaha ama booqasho aad ku tagtaan xarumaha assisted living-ka.

- Samayso kafaalaqaad sharciyaysan siaad daryeelka ilmahaaga go'aankiisa u yeelato, waana in aad da'da 16-ka ka hor codsata kafaalaqaad waalidnimo maxkamad ka soo baxay.

- Mar kasta nafta khayr u sheeg. Ku dhegganow xaqiiqada ah in ay suuragal tahay in ilmahaagu nolol isku-filnaansho ku noolaan karo.

CUTUB

7

NAFTAADA HA ILLAAWIN

NAFTAADA HA ILLAAWIN

– Yeelo waqti aad adigu is-daryeesho –

arka aad ilmo dhasho, noloshaada oo dhammi way is-beddelaysaa. Markii Ismaaciil noloshayda ku soobiiray aad ayaan u farxay, sidaa oo ay tahayna waxaaan dhanka kale dareemayay sidii aqoonsigaygii hal mar degdeg isu beddelay. Marka aad tahay hooyo haysata ilmo daryeel dheeraad ah u baahan, ilbiriqsi kasta iyaga uun baad ka fekeraysaa, xitaa marka ay hurdaan, iskuulka jiraan, ama xannaanada carruurta jiraan. Wixii waqti iyo tamaraan heli karay oo dhan waxa aan geliyayIsmaaciil, aniguna waan is illaaway.

Muddo gaaban gudaheed ayaan gebi ahaanba iska illaaway qofkii aan ahaa intiia anan wiilkayga ummulin. Waxaaan ahaa gabadh marka ay saaxiibbadeed meel u raacayso jecel in ay xammuuraddeeda marsato, kabaheeda ciribta dheer xirato, dharkeeda ugu qurxoonna ku labbisato. Markan dambe waxaa caado ii noqotay in dharkii"hooyada" ku taagnaado, dharkaygii qurxoonaana meel iska surnaadaan.

Daalaan dhammaad lahayn ayaan ka bixi waayay, illeen daqiiqad kasta waxa aan ku mashquul sanahay daryeelka Ismaaciil e, ka dibna carruurtayda kale. Guri-hagaajin xad-dhaaf ah ayaan ka dhammaan waayay, sababta oo ah waxaa la igu soo barbaariyay oo aan rumaysnaa in gurigu aanu saxar lahayn ay ka mid tahay gaarinimada hooyada.

Maalinta oo dhan kafee iyo macmacaan yaryar ayaan daldali jiray, anigaoo is leh tamaraad hawsha ku qabato ayaad ka helaysaa. Dhabahaan, cunnadaas yaryari caafimaadkayga uma roonayn kafeeguna hurdo la'aan ayuu igu riday, illeen maskaxdayda wuxuu ka ilaalinayaa in ay shaqada joojiso oo nasato e. Daal uun ayaa ii sii kordhay, waxaana dareemay sidii aan ku dhacay dabin meeraysanaya oo foolxun.

Weligay waxaaan is oran jiray waa bakhaylinimo in aad waqti kuu gaar ah kaligaa qaadato iyo in aanan waqtiba helayn maadaama la iga doonayo in aan reer dhan maamulo.

Mar kasta oo aan ilmahayga ka maqanahay waxa aan la murogoon jiray dareen dambiilenimo-hooyo. Ma anigaa waqti ii gaar ah xaq u leh, aniga oo reer dhammi i sugayo?

Hadda wax bartay. Sannado badan oo waaya-aragnimo ah waxa aan ka bartay in haddii aadan naftaada waqti gaar ah siin aanad tamar, adkaysi, iyo nashaad u yeelanayn daryeelka dadka kugu tiirsan. Maadaama aad tahay waalid ilmo Autim qaba haysta, arrimo badan ayay go'aan ka gaariddoodu kuu taal; ha ahaadaan ilmahaaga waxbarashadooda, caafimaadkooda ama fayaqabkooda kalaba. Sidaa awgeed, waa muhiim in maskaxdaadu deggen tahay, in aad si fiican u nasataa waa lagama maarmaan.

Is-daryeeliddu, waxa ay kaa caawin kartaa in aad nasiinada aad u baahan tahay hesho, laakiin hurdo kali ah ma aha. Waa in aad ka yara dhexbaxdaa masuuliyadaha ku saaran (hawlaha) iyo walaacyadaada oo dhan si aad maskax ahaan u soo kabato. Taa markaad samayso, ayaa sifiican u caawin kartaa ilmahaaga.

Is-daryeeliddu, waxyaalo kala duwan ayay uga dhigan tahay dad kala duwan. Dadka qaar waxa ay jecel yihiin in ay jiimka aadaan oo jimicsi isku dhaafiyaan ama beeraha nasashada orod ku soo wareegaan. Dad kale waxaay uga dhigan tahay in ay saaxiibbo la soo sheekaystaan, qubays, baafka-qubayska isku kala bixiyaan ama waxa ay isku maaweeliyaan buuga khris, barnaamij TV ama filinfiirsasho. Waxa ugu muhiimsani waa aad taqaan waxaaad ku nasankarto oo noloshaada qayb ka mid ah ka dhigato.

Is-daryeeliddu, aniga waxa ay iiga dhigan tahay in dharka kanaan ugu jecelahay ku labbisto oo aan saaxiibbaday u raaco barnaamijyada shaqtirada ah, bannaanka ka soo wada cuntaynno maalmo gaar ah oo hadba qof casumaad iyo hadiyado looga farxinayo isuna nimaado. Mar kasta waa ii nafis in aan la qoslo dadka aadka ii yaqaan, markastana waxa aan guriga ku laabtaa aniga oo soo nafisay oo tamar cusub soo yeeshay. Waxaa kale oo aan jecelahay

Oo mar kasta tamar cusub ka helaa in aan jimicsado. Mar kasta oo aan jimicsado, degdeg ayaan nafis u dareemaa, markaana diyaar u noqdaa in aan maalintayda inteeda harsan sifiican u wajaho. Laakiin, siaan waxyaalahaas u sameeyo, waa in ay iga go'antahay oo waqti u yeelaa, adiguna waa in aad sidaa oo kale yeeshaa.

Aad ayay inoogu fududdahay in aynnu nafteenna wax kasta ka dambaysiinno oo is niraahno waxaan naftayda u soo jeesan doonaa marka arrimaha reerku isku dubba dhacaan, marka ilmuhu iskuul bilaabaan, ama marka nolushu xasisho. Qoys kasta hawl aa mar walba iskataagaan, isla markaaad mid xallisana mid kalaa soo baxaysa. Haddaba ha sugin. Naftaada hor mari oo samayso waqti maalin kasta ka mid ah oo waxaad jeceshahay samayso, xitaa haddii ay noqoto in koob shaah ah iyo majallad shan daqiiqo meel la fariisato.Waligaa daryeelidda naftaada darteed inaad wax hallaynayso ha dareemin. Xusuusnow, in aanad si qumman wax u qaban karayn markaaad daasho oo tamar beesho, sidaa darteed qaadashada waqti aad ku nasato waxa ay ka dhigan tahay maalgashi adiga iyo reerkaaguba aad kuliibaanaysaan, sababta oo ah waad nafisaysaa xanaaqa iyo karkuna way kaa yaraan. Tanna ha illaawin: mar kasta shaqada gurigu berri ma sugi waayayso!

Waxaa anaad u rajaynayaa in aad akhrinta sheekada waaya-aragnimadayda ay idin caawisay, kalinnimo aad dareemaysay kaas aartay, talooyin badanna kaa siisay sidii aad ilmahaaga uga caawin lahayd gaaridda madaxbannaani nololeed. Marka aad tahay waalid ilmo Autim qaba haysta, inta badan caqabad ayaad kala kulmi kartaa, laakiin waxaa iyaduna dhici karta in ay kuu noqoto nolol qurxoon oo yididiilo iyo dhiirri gelin leh. Maalin kasta waxa aan isku la waynahay in aan Ismaaciil hooyadi ahay, maalin kasta wanaag buu iiga yaabsadaa oo iga farxiyaa, wax badanna wuu i baray. Hooyo ahaan, jacaylka waxaan ka bartay in aan waligay xataa maskaxdayda ku soo dhacdeen. Safar dheer oo cajiib ah ayaannu soo wada marnay, waxa aan dareemayaa in aan nasiib kulahaa in aannu safarkaas tallaabo kasta garabsocday. Haddii aniguba intaas ilmahayga la soo maray, waxa aan kuu sheegayaa in aad adiguna awooddo in aad ilamahaaga intaa oo kale la marto.Waa hawlaad ka adagtahay ee ku soco.

TALOOYIN IS-DARYEEL:

- In aad waqti gaar ah naftaada geliso waxa aad ka helaysaa tamar, adkaysi iyo nashaad maskaxeed oo aad wax ugu qabato dadka kugu tiirsan.

- Is-daryeeliddu, wax kale ma aha ee waa in aad ka dhex baxdo dhammaan hawlaha xilku kaa saaran yahay iyo waxyaalaha aad ka walaacayso, si aad u nasato oo u soo kabato maan iyo maskax ahaanba.

- Samee waxyaalaha aad jeceshahay in aad kunasato. Waxa ay noqon karaan jimicsi, saaxiibbo waqti la qaadasho, is-koolkoolin, waxakhris ama TV ama filinfiirsasho.

- Make time for self-care now- make it a priority and plan it into your week. Ha lasugin inta noloshu xasilayso in aad is-daryeesho, illeen taasi waligeed dhicimaysee! Daryeelka naftaada waqti gaar ah u yeelo wax kastana ka hormari oo jadwalka toddobaadkaaga ku darso.

- Daryeelidda naftaada uma baahna saacado badan ee xataa shan daqiiqo oo aad koob shaah ah iyo majallad aad akhrisato islahesho ayaad ku faa'iidaysaa.

- Don't become obsessed with doing the housework –it can always wait until tomorrow. Put your needs first! Shaqada gurihagaajinta dhadhab ha kunoqon, illeen berriba waad qaban kartaa ee Naftaada wax kasta ka hormari!

SAAMIYA Cali

www.ingramcontent.com/pod-product-compliance
Lightning Source LLC
Chambersburg PA
CBHW031129020426
42333CB00012B/298